中国社会科学院创新工程学术出版资助项目

居安思危·世界社会主义小丛书

马克思主义与全面依法治国

王 广◎著

社会科学文献出版社
SOCIAL SCIENCES ACADEMIC PRESS (CHINA)

居安思危·世界社会主义小丛书
编 委 会

我们愿做报春鸟

——"居安思危·世界社会主义小丛书"总序

中国社会科学院原副院长

世界社会主义研究中心主任、研究员

李慎明

"居安思危·世界社会主义小丛书"既是中国社会科学院世界社会主义研究中心奉献给广大读者的一套普及科学社会主义常识的理论读物，又是我们集中院内外相关专家学者长期研究、精心写作的严肃的理论著作。

为适应快节奏的现代生活，每册书的字数一般限定在 4 万字左右。这有助于读者在工作之余或旅行途中一次看完。从 2012 年到 2022 年这十年间，这套小丛书争取能推出 100 册左右。

这是一套"小"丛书,但涉及的却是国内外重大的理论问题和现实问题。主要介绍科学社会主义基本理论及重要观点的创新,国际共产主义运动中重大历史事件和重要领袖人物(其中包括反面角色),各主要国家共产党当今理论实践及发展趋势等,兼以回答人们心头常常涌现的相关疑难问题。并以反映国外当今社会主义理论与实践为主,兼及我国的革命、建设和改革开放事业。

从一定意义上讲,理论普及读物更难撰写。围绕科学社会主义特别是世界社会主义一系列重大理论和现实问题,在极有限的篇幅内把立论、论据和论证过程等用通俗、清新、生动的语言把事物本质与规律讲清楚,做到吸引人、说服人,实非易事。这对专业的理论工作者无疑是挑战。我们愿意为此做出努力。

目前这场正在深化的国际金融危机的总根源,就是东欧剧变和苏联亡党亡国之后全球范围内贫富两极的急遽分化。国际金融危机已经整整十个年头。但在笔者看来,再过八年、十年,国际金融危机也走不出去。这主要是因为以互联网 + 人工智能等为代表的新的高科技革命和新的生产工具的诞生和发展,极大地提高了全球范围内的社会生产力,但同时也加剧全球范围内的财富占有和收入分配的贫富两极分化。这正如马克思所强调:在资本主义社会,"文明的一切进步,或者换句话说,社会生产力(也可以说劳动本身的生产力)的任何增长,——例如科学、发明、劳动的分工和结合、交通工具的改善、世界市场的开辟、机器等等,——都不会使工人致富,而只会使资本致富"。[①] 这也就是说,在资本主义生产关系框架之内,从总体和本质上说,资本与劳动的各自致富,是一个跷跷板的两头,绝不可能是共富。资本愈是富有,广大劳动群众则必然愈是贫穷;广大劳动群众愈是贫穷,社会的有效需求则必然是愈加减少;以美国为首的西方资本主义世界所主导的经济全球化,必然使全球范围内广大民众愈加贫穷,社会的相对需求急遽减少。我们还可以做出这样的预言,在未来二三十年内,在全球范围内,大量的智能机器人会更多地挤占现有的人工工作岗位,无人工厂会雨后春笋般地在世界各地涌现。这一进程,可能要比我们常人所想象得还要快得多;其覆盖面,可能比

---

① 《马克思恩格斯全集》第46卷上册,人民出版社,1979,第268页。

我们常人想象得还要更为广阔。但资本都不雇佣工人了，普通百姓都没有工资了，谁来购买这些物美价廉的产品呢？各垄断资本集团之间追寻高额利润的残酷竞争——引发新的高新科技发展特别是智能机器人的普及——导致新的工人大量失业——社会相对需求减少——引发更多工厂破产和工人失业——加剧减少新的社会相对需求——进一步触发新的工厂的破产。以上铁的逻辑必然形成一轮又一轮的恶性循环，不断加剧全球范围内的贫富两极分化。2008年爆发的国际金融危机本质上是资本主义的经济、政治和文化价值观的全面危机，是高度发达的社会生产力即生产社会化乃至生产全球化与现存的生产关系即生产资料被极少数私人占有这一资本主义基本矛盾的一次总爆发。历史已经反复证明，这一基本矛盾在资本主义生产关系的框架内根本无法摆脱。随着这一矛盾的不断发展和深化，可以断言，更大的金融灾难必将在紧随其后的一些年内接连爆发。

憑栏静听潇潇雨，世界人民有所思。这场危机推动着世界各国、各界特别是发达国家和广大发展中国家的普通民众开始进一步深入思考。可以说，又一轮人类思想大解放的春风已经起于青蘋之末。然而，春天到来往往还会有"倒春寒"；在特定的条件下，人类社会也有可能还会遇到新的更大的灾难，世界社会主义还有可能步入新的更大的低谷。但我们坚信，大江日夜逝，毕竟东流去，世界社会主义在本世纪中叶前后，极有可能又是一个无比灿烂的春天。我们这套小丛书，愿做这一春天的报春鸟。

沧海横流，方显英雄本色。目前，中国各族人民正更加紧密地团结在以习近平同志为核心的党中央周围，在马克思列宁主义、毛泽东思想和中国特色社会主义理论体系特别是习近平新时代中国特色社会主义思想指引下，沉着、坚定地迈向无比美好的未来。我们对中国共产党和社会主义的中华人民共和国充满无限美好的信心。

现在，各出版发行企业都在市场经济中弄潮，出版社不赚钱决不能生存。但我希望我们这套小丛书每册定价不要太高，相关方面在获取应得的适当利润后，让普通民众买得起、读得起才好。买的人多了，薄利多销，利润也就多了。这是常识，但有时常识也需要常唠叨。

敬希各界对这套丛书进行批评指导，同时也真诚期待有关专家学者和从事实际工作的各级领导及各方面的人士为我们积极撰稿、投稿。我们选取稿件的标准，就是符合本丛书要求的题材、质量、风格及字数。

2018 年 5 月 5 日

目录 | Contents

1 | 导 言

4 | 一 廓清社会主义法治与资本主义
法治的分野
6 | (一)本质属性不同
11 | (二)历史渊源不同
16 | (三)根本目的不同
21 | (四)领导力量不同

25 | 二 坚持社会主义法治道路最根本的是
坚持党的领导
25 | (一)坚持和拓展中国特色社会主义法治道路
28 | (二)坚持党的领导是社会主义法治的根本要求
32 | (三)加强和改进党对依法治国的领导
36 | (四)"党大还是法大"是一个伪命题

40　三　准确理解依法治国首先是依宪治国

40　　（一）依法治国，首先是依宪治国

45　　（二）依宪治国，必须始终坚持中国特色社会主义

48　　（三）依宪治国，必须始终坚持人民民主专政的国体

57　　（四）依宪治国，必须始终坚持马克思主义思想指导

64　四　科学认识全面依法治国与坚持人民民主专政的关系

65　　（一）二者是治国方式与国家性质的关系

69　　（二）全面推进依法治国是为了不断巩固国体

72　　（三）"社会主义"与"法治国家"的高度统一

75　五　科学认识坚持人民民主专政与坚持改革开放的关系

76　　（一）坚持人民民主专政与坚持改革开放辩证统一

79　　（二）坚持改革开放为人民民主专政提供物质基础

82   (三)坚持人民民主专政为改革开放保驾护航

85   (四)统一于实现民族复兴中国梦的历史进程

88   六   从宽广的历史视野看待马克思主义与全面依法治国

89   (一)时代问题

97   (二)国家问题

104   (三)方法问题

113   后 记

导　言

全面依法治国,是以习近平同志为核心的党中央,站在新时代中国特色社会主义的历史方位,从坚持和发展中国特色社会主义全局出发,协调推进"四个全面"战略布局的重要组成部分,是走中国特色社会主义法治道路、建设法治中国的重要部署。习近平总书记在党的十九大报告中强调,"全面依法治国是中国特色社会主义的本质要求和重要保障"。① 这一战略安排事关我们党执政兴国,事关人民幸福安康,事关党和国家事业发展。

全面依法治国意义重大,牵涉面广,是一项高度复杂的系统工程。当前,学术界围绕着科学立法、严格执法、公正司法、全民守法等重要理论和实践问题,展开了系统深入的研究,推出了一系列研究成果,为全面推进依法治国提供了重要的理论资源和智力支持。

---

① 习近平:《决胜全面建成小康社会　夺取新时代中国特色社会主义伟大胜利——在中国共产党第十九次全国代表大会上的报告》,人民出版社,2017,第22页。

与此同时，我们也看到，在一系列涉及全面依法治国的深层次理论问题上，还存在着一些模糊认识，甚至是一些不准确的理解。这就需要我们以习近平新时代中国特色社会主义思想为指导，深入学习和准确把握习近平总书记关于全面依法治国的重要论述，将缠绕在这些深层次理论问题上的模糊认识和不准确理解，辨析清楚，阐释明白，以达到解疑释惑、凝聚共识的目的。当前，这些深层次理论问题主要集中在：社会主义法治与资本主义法治的本质区别问题，党的领导与全面依法治国的关系问题，对依法治国、依宪治国的全面理解问题，全面推进依法治国与坚持人民民主专政的关系问题，坚持人民民主专政与坚持改革开放的关系问题，马克思主义理论在依法治国进程中的理论地位问题，等等。这些问题不直接属于具体的立法、执法或司法层面，而是涉及中国特色社会主义法治道路的方向、性质和前途命运，属于运用马克思主义立场、观点、方法来研究全面依法治国的基础理论问题，因而具有较为重要的政治意义、理论意义。

唐玄宗在《起义堂颂》的"序"中尝言："源浚者流长，根深者叶茂。"明代张居正《翰林院读书说》亦道："根本固者,华实必茂;源流深者,光澜必章。"习近平总书记指出,"马克思主义就是我们党和人民事业不断发展的参天大树之根本,就是我们党和人民不断奋进的万里长河之泉源。"①笔者在这本小书中,试图援引马克思主义的源头活水,对全面依法治国的一些基础理论问题做一些初步研究和探讨,希望在建构中国特色社会主义法治道路的历史进程中略尽一点绵薄之力。这也是本书题名为《马克思主义与全面依法治国》的缘由和用意。

---

① 《习近平谈治国理政》第二卷,外文出版社,2017,第66页。

一 廓清社会主义法治与资本主义法治的分野

什么是社会主义法治？它的特质是什么，它和资本主义法治又有哪些根本区别？这是全面推进依法治国、建设社会主义法治国家所要回答的重要的基础理论问题。

党的十八大以来，以习近平同志为核心的党中央在坚持和发展中国特色社会主义这盘大棋局上，精心谋划，科学部署，稳稳落子，十八届三中、四中、五中全会分别重点研究全面深化改革、全面推进依法治国、"十三五"规划建议问题。因而，在全面依法治国问题上，十八届四中全会可以说是一次总动员和总部署。这次全会明确指出，"全面推进依法治国，总目标是建设中国特色社会主义法治体系，建设社会主义法治国家"。① 这一总目标，用最精确的语言，从最根本的层面，深刻回答了在当今中国建设

---

① 《中共中央关于全面推进依法治国若干重大问题的决定》，《人民日报》2014 年 10 月 29 日。

什么样的法治国家的重大问题，明确规定了社会主义法治的本质属性，为我们坚持走中国特色社会主义法治道路提供了根本遵循。在党的十九大报告中，习近平总书记用"八个明确"高度概括了新时代中国特色社会主义思想的主要创新观点，其中第五条就是"明确全面推进依法治国总目标是建设中国特色社会主义法治体系、建设社会主义法治国家"①；在新时代坚持和发展中国特色社会主义的十四条基本方略中，"坚持全面依法治国"位于第六条。这就要求，全面依法治国，必须把党的领导贯彻落实到依法治国的全过程和各个方面，旗帜鲜明地走中国特色社会主义法治道路，完善以宪法为核心的中国特色社会主义法律体系，建设中国特色社会主义法治体系，建设强大的社会主义法治国家。

毫无疑问，中国特色社会主义法治道路的开辟和拓展、中国特色社会主义法治体系的丰富和发展，都需要借鉴世界上不同文明所创造的积极成果和成功经验。但我

---

① 习近平：《决胜全面建成小康社会　夺取新时代中国特色社会主义伟大胜利——在中国共产党第十九次全国代表大会上的报告》，人民出版社，2017，第19页。

们必须看到,推进依法治国、依宪治国,从根本上讲,是在社会主义旗帜下建设法治中国,绝不是意味着向资本主义法治靠拢,被资本主义法治所同化。然而,在学术界有一种观点,或隐或显地将依法治国与社会主义这一本质属性相剥离,认为我们的依法治国、依宪治国同西方宪政民主制没有本质区别,社会主义法治是在和资本主义法治"并轨""合流"。这种观点在理论上和实践上都是有害的,并且具有很大的迷惑性。因此,必须对此进行深入的剖析和辨明,从本质上讲清社会主义法治与资本主义法治的根本区别。

概括起来,社会主义法治与资本主义法治的本质区别,可以从本质属性、历史渊源、根本目的、领导力量这几个方面加以分梳。

（一）本质属性不同

如同我们认识一个人主要是看其内心世界,认识一种法治体系主要是看其本质属性。一个深刻的观察者,看问题总是要深入问题的本质,而不是囿于词句、停在表层。从法的本质属性来看,社会主义法治是社会主义生产关系的反映,资本主义法治是资本主义生产关系的反映,二者由不同的经济关系所决定,因而具有截然不同的本质属性。

什么是法的本质? 这是法学理论的基本问题,也是弄懂社会主义法治与资本主义法治二者区别的重要问题。① 在西方法学流派中,自然法学派、历史法学派、分析实证法学派、社会法学派等不同流派对此都有不同的认识。神学说、正义说、理性说、命令说、规则说、意志说等,不一而足。在马克思主义看来,法是表现统治阶级共同利益的国家意志,而这种共同利益归根到底在于经济关系。每种生产形式和经济关系,都产生出它特有的法的关系。

我们知道,马克思本来学的专业是法律——虽然被他排在哲学和历史之次,当作辅助学科来研究。在博士毕业进入《莱茵报》工作之后,马克思也是以理性国家、理性的法等为思想武器来批判当时的普鲁士王权专治的。然而,在面对如何解决"贫困"等物质利益难题时,马克思

① 关于法的本质属性问题,我国法学界从 20 世纪 80 年代中期开始就进行过广泛的讨论。参见崔敏《关于法的本质属性争论简介》,《中国人民公安大学学报》(社会科学版)1987 年第 2 期等述评文章。

发现,理性国家、理性的法等范畴都"失语""失效"了,通过诉诸法律并不能解决贫苦农民的物质利益问题。冰冷的、坚硬的社会现实促使马克思进一步反思。马克思通过研究发现,在社会生活中,法律不是原生的、决定性的东西;相反,是次生的、被决定的东西。决定法律的,就是物质的生活关系,即社会的经济生活。马克思从而明确指出,"法的关系正像国家的形式一样,既不能从它们本身来理解,也不能从所谓人类精神的一般发展来理解,相反,它们根源于物质的生活关系"。① 通过深入的政治经济学研究,马克思明确提出,"法律应该是社会共同的、由一定物质生产方式所产生的利益和需要的表现,而不是单个的个人恣意横行"。② 在《资本论》中,马克思进一步指出,"这种具有契约形式的(不管这种契约是不是用法律固定下来的)法权关系,是一种反映着经济关系的意志关系。这种法权关系或意志关系的内容是由这种经济关系本身决定的"。③ 恩格斯在晚年致施米特的一封信中再

① 《马克思恩格斯选集》第 2 卷,人民出版社,2012,第 2 页。
② 《马克思恩格斯全集》第 6 卷,人民出版社,1961,第 292 页。
③ 《马克思恩格斯全集》第 23 卷,人民出版社,1972,第 102 页。

次明确指出，"在现代国家中，法不仅必须适应于总的经济状况，不仅必须是它的表现，而且还必须是不因内在矛盾而自己推翻自己的**内部和谐一致的**表现"，"法学家以为他是凭着先验的原理来活动，然而这只不过是经济的反映而已"。① 这些论述就从根本上揭示了"法的关系"与"经济关系"的关系。

我国法学学者李龙教授就此概括说："按照马克思的观点，法律的本质寓于统治阶级的物质生活条件之中，有什么性质的经济基础，便有什么性质的法律。因此，与其说法律是统治阶级主观意志的产物，还不如说是统治阶级物质生活条件的产物。法律的本质不仅在于它的主观属性——统治阶级意志的表现，而且更重要的在于它的客观属性——法律的内容由统治阶级的物质生活条件所决定。"②从这一意义上讲，社会主义法治与资本主义法治，本质上分别是由社会主义经济关系与资本主义经济关系所决定的。社会主义法治反映、维护的是社会主义

① 《马克思恩格斯全集》第37卷，人民出版社，1971，第488页。
② 李龙、朱开化:《马克思论法律的本质——纪念马克思逝世一百周年》，《法学杂志》1983年第2期。

公有制,资本主义法治反映、维护的是资本主义私有制。归根结底,这是社会主义法治与资本主义法治最本质的区别。

在1920年召开的俄共(布)第九次代表大会上,列宁精辟地概括说:"以前所有一切宪法,以至最民主的共和宪法的精神和基本内容都归结在所有制这一点上。"[1]这同样是在说明,有什么样的所有制,就会有什么样的宪法。列宁同时揭示了社会主义法治尤其是社会主义宪法的本质,"无产阶级的统治表现在废除了地主和资本家的所有制……我们的宪法之所以有权在历史上存在,所以争取到了这个权利,就是因为废除这一所有制不是仅仅在纸上写写而已"。[2] 通过十月社会主义革命,俄国无产阶级消灭了资本主义私有制,实现了社会主义公有制,实际解决了所有制问题,继而"宪法把实际生活中解决了的废除资本家和地主的所有制的问题记载下来"[3],并赋予了无产阶级和农民阶级所享有的权利。这实际上是列宁

---

[1] 《列宁选集》第4卷,人民出版社,2012,第122页。

[2] 《列宁选集》第4卷,人民出版社,2012,第122页。

[3] 《列宁选集》第4卷,人民出版社,2012,第123页。

对世界上第一个社会主义国家诞生宪法的概括和总结。

中国从自身的具体国情出发,实行以公有制为主体、多种所有制经济共同发展的基本经济制度。以宪法为核心的社会主义法治体系,源于社会主义生产关系和经济制度,又以国家根本大法的形式确立了公有制的主体地位,保障实现共同富裕的社会主义本质特征,保证无产阶级和广大人民当家作主的权利,守护国家的长治久安。这就是社会主义法治与资本主义法治相区别的本质属性。

(二)历史渊源不同

从历史渊源来看,社会主义法治是社会主义革命(在中国体现为新民主主义革命)的胜利成果,资本主义法治则是资产阶级为了在历史上获得和巩固统治地位、实现和维护资本剥削而确立的,二者的历史脉络和形成过程是不同的。

一提到资本主义法治,似乎就会让人想到自由、平等、个人权利。但实际上,只要稍微了解一下资本主义法治的发展历程,就会看到,虽然有其历史进步性的一面,但资本主义法治绝不是正义女神下凡降临人间的神话,而是充满了大量的血腥、暴力和压迫。

"谁都知道,英国的刑法典在欧洲是最严酷的。就野蛮而言,早在 1810 年它已经丝毫不亚于加洛林纳法典;火刑、车磔、四马分尸,从活人身上剜取脏腑等等曾是惯用的几种刑罚。从那时起令人发指的酷刑虽然已被废止,但在法典中仍然原封不动地保留了大量野蛮的和卑鄙的东西。"①这是恩格斯在 19 世纪 40 年代对英国法律的记载。

为何如此"严酷"?其原因就在于资本主义法治从根本上说是为资本增殖服务的,是为了满足和实现资产阶级的利益。马克思在《资本论》第一卷第二十四章"所谓原始积累"中,详细地追溯了资本主义原始积累的过程以及资本主义立法的演变过程。资本主义制度的确立,或者说要实现资本剥削的"自由",是以劳动者与其能够实现劳动的所有权之间的分离为前提的,并且要不断保持和再生产这种分离。这种分离,实际上就是将生产者与生产资料相剥离,一极是被剥夺了生产资料的生产者,自

---

① 《马克思恩格斯全集》第 3 卷,人民出版社,2002,第 581 页。

由得一无所有,只能出卖自己的劳动力;另一极是生产者被剥夺的生产资料积聚到资产阶级手里,成为使生产者转化成雇佣工人的物质条件。"资本主义制度却正是要求人民群众处于奴隶地位,使他们本身转化为雇工,使他们的劳动资料转化为资本。"[①]在这一过程中,为了防止和压制生产者的反抗,资产阶级(包括成长中的资产阶级)就需要广泛地用到立法和国家暴力的武器。

马克思在回顾15世纪以来惩治被剥夺者的血腥立法时写道:"由于封建家臣的解散和土地断断续续遭到暴力剥夺而被驱逐的人,这个不受法律保护的无产阶级,不可能像它诞生那样快地被新兴的工场手工业所吸收。另一方面,这些突然被抛出惯常生活轨道的人,也不可能一下子就适应新状态的纪律。他们大批地转化为乞丐、盗贼、流浪者,其中一部分人是由于习性,但大多数是为环境所迫。因此,15世纪末和整个16世纪,整个西欧都颁布了惩治流浪者的血腥法律。现在的工人阶级的祖先,当初曾因被迫转化为流浪者和需要救济的贫民而受到

---

① 《马克思恩格斯文集》第5卷,人民出版社,2009,第827页。

惩罚。"①例如在英国,伊丽莎白执政时期的1572年的法令规定,没有得到行乞许可的14岁以上的乞丐,如果没有人愿意使用他一年,就要受到猛烈鞭打,并在右耳打上烙印;如果有人再度行乞而且年过18岁,又没有人愿意使用两年,就要被处死;第三次重犯,就要毫不留情地将其当作叛国犯处死。类似的法令还有伊丽莎白十八年所颁布的第3号法令和1597年的法令。由于这些"古怪的恐怖的法律",由于鞭打、烙印、酷刑的推动,广大民众被架上了资本生产的战车,成为以血肉造成的点燃资本剥削的熔炉"万世长存"的油脂。

事物的发展总是有自己的对立面。有剥削,自然就有反抗。

自从资产阶级政权和资本主义法治登上历史舞台,广大无产阶级和人民大众反对资本主义、建立社会主义的斗争也随之而起。在整个欧洲和美洲,从西伯利亚矿井到加利福尼亚,这种抗争从未止息。在近现代的中国,全国各族人民在中国共产党的领导下,掀起了反对帝国

① 《马克思恩格斯文集》第5卷,人民出版社,2009,第843页。

主义和封建主义的伟大斗争,并最终赢得了胜利。这一胜利的果实,最集中地体现在新中国成立前夕,中国人民政治协商会议第一届全体会议通过的共同纲领上。这一共同纲领以根本大法的形式,确认了中国人民的革命胜利成果,并昭示出社会主义法治建设的宏伟进程。此后,在1954年起草新中国第一部宪法草案时,毛泽东同志指出:"我们的宪法是新的社会主义类型,不同于资产阶级类型。"[1]"它总结了无产阶级领导的反对帝国主义、反对封建主义、反对官僚资本主义的人民革命的经验,总结了最近几年来社会改革、经济建设、文化建设和政府工作的经验。"[2]可见,社会主义宪法和法治,是从保卫社会主义制度、捍卫人民民主、反对各种势力的压迫剥削的革命斗争中浴火而生的。

通过历史的显微镜仔细检视,就会看到,在社会主义法治和资本主义法治的身后,留下的是完全不同的历史印迹。

---

[1] 《毛泽东文集》第6卷,人民出版社,1999,第326页。
[2] 《毛泽东文集》第6卷,人民出版社,1999,第325页。

(三)根本目的不同

凡事总有其目的。从根本目的来看,社会主义法治是为了保卫人民胜利果实,实现人民共同意志,维护人民根本利益,资本主义法治则是为了维护和巩固资产阶级的利益,保护资本剥削的自由和权利。

资本主义国家的法律实践与其"法治国"的理论学说之间存在着本质性的矛盾。马克思曾深刻指出:"现代的资产阶级财产关系靠国家权力来'维持',资产阶级建立国家权力就是为保卫自己的财产关系。"①在现实中也可以观察得很清楚,保护资本自由剥削的权利,实现资本最大限度的增殖,正是资本主义法治的根本目的。

日本法学学者杉原泰雄就认为,近代立宪主义型市民宪法的目的之一,即是"保障资本主义的发展"。他写道:"为资本主义的发展而保障土地和机械等生产资料的私有,包括劳动力在内的商品的自由买卖和流通等的保障是必不可缺的。这些都只能在财产权、劳动自由、经营自由、居住和迁徙自由、契约自由等得到保障的前提下才

---

① 《马克思恩格斯全集》第4卷,人民出版社,1958,第331页。

能得以确保。近代市民革命和近代立宪主义型市民宪法已将这些作为不可侵犯的人权而保障。"①

马克思主义经典作家的观察更为深刻。早在19世纪40年代,恩格斯在谈到欧洲大陆上社会改革的进展时就指出,"在法国,最近五十年来,接二连三地以暴力进行变革;所有的宪法,从激进民主主义的到赤裸裸的专制主义的宪法,各式各样的法律,实行很短一个时期以后,就被抛到一边,而为另一些宪法和法律所代替。既然这样,人民怎么能尊重自己的法律呢?而所有这些动荡的结果,正像法国宪法和法律所确认的,是富人对穷人的压迫,以暴力来维持的压迫"。② 在英国,恩格斯更加直截了当地提出:"究竟是谁统治着英国?"答案则是:"是财产在进行统治。"③财产使英国贵族能够直接支配农业地区和小城市的议员选举,使英国商人和工厂主能够决定大城市和部分小城市的议员选举,并使二者能够通过贿赂来

① 〔日〕杉原泰雄:《宪法的历史——比较宪法学新论》,吕昶、渠涛译,社会科学文献出版社,2000,第84页。
② 《马克思恩格斯全集》第3卷,人民出版社,2002,第482页。
③ 《马克思恩格斯全集》第3卷,人民出版社,2002,第567页。

加强自己的影响。法律完全沦为资产阶级金钱统治的工具。正由于此，"对资产者来说，法律当然是神圣的，因为法律是资产者本身的创造物，是经过他的同意并且是为了保护他和他的利益而颁布的。资产者懂得，即使个别的法律对他特别不利，但是整个立法毕竟是保护他的利益的"；而反过来，"在工人看来当然就不是这样。工人有足够的体验，并且十分清楚地知道，法律对他来说是资产者给他准备的鞭子"。① 正是由于此，工人阶级才诉诸斗争，"力求以无产阶级的法律来代替资产阶级的法律"。②

不可否认，随着时代的进步和工人的不断斗争，资本主义法治也在调整和改进，工人的权利诉求得到较大范围的满足。但应当看到，这种变化和调整，并没有改变资本主义法治的本质属性和根本目的。有学者研究认为，"深层观审，垄断资本主义推进的种种法律变革和司法改革，从根本上是为了回应资本主义的深层发展与人民大众基本权利的激烈冲突"；"资本主义法治理念……在产

---

① 《马克思恩格斯文集》第 1 卷，人民出版社，2009，第 462 页。
② 《马克思恩格斯文集》第 1 卷，人民出版社，2009，第 463 页。

权利益的私欲局限与世界市场的扩张驱使下,始终无法全面确立以法治文明为核心的政治文明有机整体形架,在世界经济危机的冲击下,'涡轮资本主义'、'晚期资本主义'的蛮横、垂暮之相已日益清晰。当今资本主义法治理念遭遇的巨大'合法性危机',究其根源,在于它自身存在诸多难以克服的顽症"。① 归根到底,资本主义法治还是为了资产阶级的切身利益,是为维护资本剥削的权利和自由服务的,民众当然有所受益,但绝不是直接意义上的受益人。

只有在社会主义公有制的经济基础上,法律才能成为人民意志的表达,法治才能成为人民治国理政的方略。早在起草新中国第一部宪法草案时,毛泽东同志就指出,我们的宪法草案"原则基本上是两个:民主原则和社会主义原则。我们的民主不是资产阶级的民主,而是人民民主,这就是无产阶级领导的、以工农联盟为基础的人民民主专政。人民民主的原则贯串在我们整个宪法中。另一个是社会主义原则。我国现在就有社会主

① 廖奕:《论资本主义法治理念》,《科学社会主义》2009 年第 3 期。

义。宪法中规定,一定要完成社会主义改造,实现国家的社会主义工业化"。[①] 与资产阶级民主相区别的人民民主,与资本主义私有制相区别的社会主义公有制,就将资本主义法治与社会主义法治的根本目的,明确无误地区分开来了。

时过境迁,中国共产党人不忘初心,牢记使命,继续前进。习近平总书记在上任伊始就指出,人民对美好生活的向往,就是我们的奋斗目标。他始终强调,坚持中国特色社会主义政治发展道路,关键是要坚持党的领导、人民当家作主、依法治国有机统一,以保证人民当家作主为根本,以增强党和国家活力、调动人民积极性为目标,扩大社会主义民主,发展社会主义政治文明。我们要坚持国家一切权力属于人民的宪法理念,最广泛地动员和组织人民依照宪法和法律规定,通过各级人民代表大会行使国家权力,通过各种途径和形式管理国家和社会事务,管理经济和文化事业,共同建设,共同享有,共同发展,成为国家、社会和自己命运的主人。

---

① 《毛泽东文集》第 6 卷,人民出版社,1999,第 326 页。

(四)领导力量不同

从领导力量来看,中国共产党的领导是全面推进依法治国、加快建设社会主义法治国家最根本的保证,资本主义法治则是通过资产阶级利益的代理人,即资产阶级政党来实现的。

全面推进依法治国,建设社会主义法治国家,最根本的保证就是党的领导。这是我们革命、建设和改革不断取得胜利的根本保障和宝贵经验。毛泽东同志在中华人民共和国第一届全国人民代表大会第一次会议的开幕词中就明确指出,"领导我们事业的核心力量是中国共产党。指导我们思想的理论基础是马克思列宁主义"。正是在这种坚强的政治领导和思想引领下,"我们正在做我们的前人从来没有做过的极其光荣伟大的事业。我们的目的一定要达到。我们的目的一定能够达到"。①

在改革开放的历史新时期,邓小平同志同样指出:"在中国这样的大国,要把几亿人口的思想和力量统一起来建设社会主义,没有一个由具有高度觉悟性、纪律性和

---

① 《毛泽东文集》第6卷,人民出版社,1999,第350页。

自我牺牲精神的党员组成的能够真正代表和团结人民群众的党，没有这样一个党的统一领导，是不可能设想的，那就只会四分五裂，一事无成。"①党政军民学，东西南北中，党是领导一切的。可以说，坚持党的领导，是历届党和国家领导人始终强调的一条最根本的政治红线。

党的十八大以来，习近平总书记反复强调，"中国共产党的领导是中国特色社会主义最本质的特征。没有共产党，就没有新中国，就没有新中国的繁荣富强。坚持中国共产党这一坚强领导核心，是中华民族的命运所系"。②加强和改进党对法治工作的领导，把党的领导贯彻到全面推进依法治国全过程和各方面，是不可动摇的政治原则。全面推进依法治国，必须始终坚持党的领导、人民当家作主、依法治国有机统一，坚定不移走中国特色社会主义法治道路。依法治国的过程，就是人民在党的领导下实现当家作主的过程。在党的十九大报告中，习近平总书记再次明确了"党的领导、人民当家作主、依法治国有

① 《邓小平文选》第 2 卷，人民出版社，1994，第 341～342 页。
② 习近平：《在庆祝全国人民代表大会成立 60 周年大会上的讲话》，《人民日报》2014 年 9 月 6 日。

机统一"的辩证关系,指出党的领导是人民当家作主和依法治国的根本保证,人民当家作主是社会主义民主政治的本质特征,依法治国是党领导人民治理国家的根本方式,三者统一于我国社会主义民主政治伟大实践中。

坚持党的领导,是社会主义法治的根本要求,是党和国家的根本所在、命运所在,是全国各族人民的利益所系、幸福所系,是全面推进依法治国的题中应有之义。只有在党的领导下全面推进依法治国,人民当家作主才能充分实现,国家和社会生活法治化才能有序推进;只有坚持依据党内法规从严管党治党,才能不断巩固党的执政地位,提升党的执政能力,使党始终成为总揽全局、协调各方的坚强领导核心。这一点同样是社会主义法治与资本主义法治的本质区别。

以上我们分别从本质属性、历史渊源、根本目的、领导力量等几个方面梳理了社会主义法治与资本主义法治的根本区别。其实,按照马克思主义和唯物史观的基本原理,法作为社会上层建筑的重要组成部分,无非是要反映和维护经济基础,因而,资本主义法治说到底是为了维护资产阶级的利益,在当代主要体现为国际金融垄断资本的利益,社会主义法治说到底是为了维护广大人民群众的利益。归根结底,如此而已。当然,不必讳言,由于社会主义法治建立的时间还不长,中国长期处于皇权专制社会所形成的历史包袱也特别沉重,因此在法治实践中还有各种亟待完善的问题。然而,这些问题不能掩盖事物之间的本质差别。毕竟,一株刚刚发芽绽青的新禾比根本腐朽的病树,拥有更加蓬勃的生机与希望。

以广阔的世界历史视野观之,经济社会形态的递嬗变迁,刻画出人类社会前行的巨大足迹。中国特色社会主义不仅以社会形态上的先进性赢得了最广阔的发展空间和最远大的前途,而且正在通过全面深化改革、推进国家治理、净化自身肌体、高扬法治旗帜等通盘整体性设计,在人类历史上建构更优良的制度样态,书写更光辉的文明册页。

二 坚持社会主义法治道路最根本的是 坚持党的领导

上一章我们归纳了社会主义法治与资本主义法治的本质区别,在第四节"领导力量不同"中,概括地谈到了中国共产党的领导是全面推进依法治国、加快建设社会主义法治国家的根本保证。在本章中,我们再结合历史和逻辑、理论和现实,集中来谈谈到底怎样认识坚持社会主义法治道路最根本的是坚持党的领导。

(一)坚持和拓展中国特色社会主义法治道路

著名作家柳青曾经说过,"个人生活上的岔道口,你走错一步,可以影响人生的一个时期,也可以影响人生"。对个人来说如此,对一个民族、一个国家来说,其意义之重大更是不言而喻。

走什么样的道路,从来都是根本性的抉择。道路决定命运,道路关乎未来。

党的十八届四中全会确立了"坚持走中国特色社会主义法治道路,建设中国特色社会主义法治体系"的战略抉择。习近平总书记就此明确指出："中国特色社会主义法治道路，是社会主义法治建设成就和经验的集中体现，是建设社会主义法治国家的唯一正确道路。在走什么样的法治道路问题上，必须向全社会释放正确而明确的信号，指明全面推进依法治国的正确方向，统一全党全国各族人民认识和行动。"[1]这为中国的法治道路指明了发展方向，确立了根本遵循。

在中国走什么样的法治道路这一重大问题上，习近平总书记考虑得非常深远。他在《加快建设社会主义法治国家》的署名文章中着重指出，全面推进依法治国，必须走对路。如果路走错了，南辕北辙了，那再提什么要求和举措也都没有意义了。全会决定有一条贯穿全篇的红线，这就是坚持和拓展中国特色社会主义法治道路。中国特色社会主义法治道路是一个管总的东西。具体讲我国法治建设的成就，大大小小可以列举出十几条、几十条，但归结起来就是开辟了中国特色社会主义法治道路

---

① 《习近平关于全面依法治国论述摘编》，中央文献出版社，2015，第20页。

这一条。①

回顾党的历史可以看到，长期以来，尤其是改革开放以来，我们党一贯高度重视法治，在实践和理论的双重探索中逐渐开辟了一条中国特色社会主义法治道路。早在1978年12月，邓小平同志就指出，为了保障人民民主，必须加强法制，"有比没有好，快搞比慢搞好"，"集中力量制定刑法、民法、诉讼法和其他各种必要的法律，例如工厂法、人民公社法、森林法、草原法、环境保护法、劳动法、外国人投资法等等"，"还要大力加强对国际法的研究"。②党的十五大提出依法治国、建设社会主义法治国家，强调依法治国是党领导人民治理国家的基本方略，是发展社会主义市场经济的客观需要，是社会文明进步的重要标志，是国家长治久安的重要保障。党的十六大提出，发展社会主义民主政治，最根本的是要把坚持党的领导、人民当家作主和依法治国有机统一起来。党的十七大提出，依法治国是社会主义民主政治的基本要求，强调要全面

---

① 参见习近平《加快建设社会主义法治国家》，《求是》2015年第1期。

② 《邓小平文选》第2卷，人民出版社，1994，第146~147页。

落实依法治国基本方略,加快建设社会主义法治国家。党的十八大强调,要更加注重发挥法治在国家治理和社会管理中的重要作用。党的十九大系统阐释了习近平新时代中国特色社会主义思想,从新时代坚持和发展中国特色社会主义"八个明确"和"十四条坚持"基本方略的高度进一步强调了全面依法治国的重要地位,要求"深化依法治国实践""坚持厉行法治,推进科学立法、严格执法、公正司法、全民守法",并宣告成立中央全面依法治国领导小组,加强对法治中国建设的统一领导。

经过几十年的奋斗,中国的法治道路越来越清晰,越来越明确。我们决不能走错路,更不能走回头路。

(二)坚持党的领导是社会主义法治的根本要求

坚持党的领导,是社会主义法治的根本要求,是全面推进依法治国的题中应有之义。党的领导和社会主义法治是一致的,而绝不是两个东西,社会主义法治必须坚持党的领导,党的领导必须依靠社会主义法治。

在寻求民族独立、人民解放的年代,正是有了共产党的带领和凝聚,中国人才不再是一盘散沙,而成为莫之能御的革命洪流,不但赢得了新民主主义革命的胜利,而且进一步赢得了社会主义革命的胜利。正如毛泽东同志所指出的,"没有一个全国范围的、广大群众性的、思想上政治上组织上完全巩固的、布尔什维克化的中国共产党,这样的任务是不能完成的"。① 共产党不但善于破坏一个旧中国,更善于建设一个新中国。改革开放以来,共产党在社会主义现代化建设中同样发挥了领导核心的作用。邓小平就此多次指出,"从根本上说,没有党的领导,就没有现代中国的一切","中国由共产党领导,中国的社会主义现代化建设事业由共产党领导,这个原则是不能动摇的;动摇了中国就要倒退到分裂和混乱,就不可能实现现代化"。② 党的领导,既是历史的选择,更是现实的要求。当前,在全面推进依法治国的历史进程中,面对改革攻坚期和深水区的矛盾风险,面对前所未有的改革发展稳定任务,更加离不开党的领导。只有在党的领导下依法治国、厉行法治,人民当家作主才能充分实现,国家和社会生活法治化才能有序推进。说到底,资本主义法治是利益现

---

① 《毛泽东选集》第 2 卷,人民出版社,1991,第 652 页。

② 《邓小平文选》第 2 卷,人民出版社,1994,第 266～268 页。

有格局的守成,是为了以各种名目维护国际金融垄断资本的利益;而社会主义法治则是不断突破现有利益固化的藩篱,在促进社会共同富裕的同时推动社会的公平正义,因而先进力量的引领即党的领导不可或缺。离开了党的领导,不仅无法顺利推进依法治国,而且无法顺利地全面深化改革、深化国家治理,从而无法保障和维护人民根本利益。没有中国共产党的领导,中国必然陷入混乱和分裂,成为西方发达国家和国际垄断资本集团的附庸。离开了中国共产党的领导,中国特色社会主义法治体系、社会主义法治国家就建设不起来。

穿越风雨才能把历史看得更清楚。回首新中国成立近70年来、改革开放40年来,中国各项改革发展事业蒸蒸日上,综合国力和国际影响力不断攀升,中国梦的理念汇聚亿万人心。尽管我们面临很多发展中的问题,但中国13亿多人民在中国共产党的带领下,正在实现"两个一百年"奋斗目标的路上迅跑,却是谁也不能否认的事实。我们党所开辟的中国特色社会主义道路,在苏东剧变以来世界社会主义运动整体陷入低潮期的世界历史舞台上,越走越宽广,越走越心气十足。历史和实践一再证明,党的领导是中国特色社会主义最本质的特征,是党和国家的根本所在、命脉所在,是全国各族人民的利益所系、幸福所系。因此,我们全面推进依法治国,绝不是要虚化、弱化,甚至动摇、否定党的领导,而是为了进一步巩固党的执政地位、改善党的执政方式、提高党的执政能力,保证党和国家长治久安。

习近平总书记在关于《中共中央关于全面推进依法治国若干重大问题的决定》的说明中严肃指出,"我国宪法以根本法的形式反映了党带领人民进行革命、建设、改革取得的成果,确立了在历史和人民选择中形成的中国共产党的领导地位。对这一点,要理直气壮讲、大张旗鼓讲。要向干部群众讲清楚我国社会主义法治的本质特征,做到正本清源、以正视听"。① 这一重要论述再次表明,党的领导是中国特色社会主义法治之魂,也是我们的法治同西方资本主义国家的法治最大的区别。党的领导是和社会主义法治高度一致的,社会主义法治必须坚持

---

① 习近平:《关于〈中共中央关于全面推进依法治国若干重大问题的决定〉的说明》,http://news. xinhuanet. com/politics/2014 − 10/28/c_1113015372_3. htm。

党的领导,党的领导必须依靠社会主义法治。在这一问题上,一定要始终保持政治清醒和政治自觉,任何时候任何情况下都不能有丝毫动摇。

(三)加强和改进党对依法治国的领导

党对依法治国的领导,既要时刻坚持,毫不动摇;又要改进提高,更好地反映广大人民群众的切身利益和根本意志。

习近平总书记就此强调,我们"既要坚持党对政法工作的领导不动摇,又要加强和改善党对政法工作的领导,不断提高党领导政法工作能力和水平"。[1] 这就要求一方面,我们要坚持党总揽全局、协调各方的领导核心作用,统筹依法治国各领域工作,确保党的主张贯彻到依法治国全过程和各方面;另一方面,要改善党对依法治国的领导,不断提高我们党领导依法治国的能力和水平。

坚持和改进党对依法治国的领导,不是空洞的口号,要具体体现在党领导立法、保证执法、支持司法、带头守

---

[1] 《习近平关于全面依法治国论述摘编》,中央文献出版社,2015,第20页。

法上。党的十八届四中全会围绕着加强和改进党对依法治国的领导这一重大问题,提出了"三统一"和"四善于"的要求,并做出了系统部署。"三统一"即"把依法治国基本方略同依法执政基本方式统一起来,把党总揽全局、协调各方同人大、政府、政协、审判机关、检察机关依法依章程履行职能、开展工作统一起来,把党领导人民制定和实施宪法法律同党坚持在宪法法律范围内活动统一起来"。"四善于"即"善于使党的主张通过法定程序成为国家意志,善于使党组织推荐的人选通过法定程序成为国家政权机关的领导人员,善于通过国家政权机关实施党对国家和社会的领导,善于运用民主集中制原则维护中央权威、维护全党全国团结统一"。通过这些要求和部署,就将依法治国基本方略落到了国家政治生活和社会生活的重要方面,成为具有鲜明针对性和高度操作性的工作指针。

党的十八届四中全会决定还集中笔墨,在第七部分专门就加强和改进党对全面推进依法治国的领导问题做出了具体部署,分别从坚持依法执政、加强党内法规制度建设、提高党员干部法治思维和依法办事能力、推进基层治理法治化、深入推进依法治军从严治军、依法保障"一国两制"实践和推进祖国统一、加强涉外法律工作七大方面提出了具体要求,强调要把党的领导切实贯彻到全面推进依法治国的全过程。

《求是》杂志 2017 年第 11 期刊发了《党的十八大以来全面依法治国的重大成就和基本经验》一文,指出党的十八大以来,以习近平同志为核心的党中央提出了全面依法治国的新理念新思想新战略,开辟了全面依法治国理论和实践的新境界,开启了中国特色社会主义法治的新时代。① 这篇文章详细盘点了党的十八大以来法治中国建设的成就:在中国特色社会主义法治体系建设方面,五年来,共制定或修改法律 48 部、行政法规 42 部、地方性法规 2926 部、规章 3162 部,同时通过"一揽子"方式先后修订法律 57 部、行政法规 130 部,启动了民法典编纂,颁布了民法总则,中国特色社会主义法律体系日益完备;出台一大批标志性、基础性、关键性的党内法规,制定、修

---

① 袁曙宏:《党的十八大以来全面依法治国的重大成就和基本经验》,《求是》2017 年第 11 期。

订近 80 部中央党内法规,超过现有党内法规的 40% ,党内法规体系建设取得前所未有的重大成就;高效的法治实施体系、严密的法治监督体系、有力的法治保障体系建设获得显著成效。再如,在加快建设法治政府方面,颁布实施《法治政府建设实施纲要(2015 – 2020 年)》,确立了到 2020 年基本建成法治政府的奋斗目标和行动纲领;"放管服"改革持续推进,国务院先后取消、下放行政审批事项 618 项,彻底终结了非行政许可审批,极大地激发了市场和社会活力;清单管理全面实行,31 个省级政府公布了省市县三级政府部门权力和责任清单;政府法律顾问制度普遍建立,行政决策科学化、民主化、法治化水平进一步提高;"双随机、一公开"全面推行,事中事后监管不断加强;行政执法体制改革深入推进,严格规范公正文明执法水平明显提升;法治政府考核评价制度正在建立,督促检查力度显著加强。推进依法行政进入"快车道",法治政府建设展现出前所未有的"加速度"。

文章指出,党的十八大以来的五年,是全面依法治国举措最有力、最集中的五年,汇聚起推进社会主义法治建设的磅礴伟力,展现出建设社会主义法治国家的宏伟气象。党的十八大以来的五年,是全面依法治国成就最丰硕、最显著的五年,法治中国建设实现了历史性大发展,赢得了国内外的普遍赞誉。党的十八大以来的五年,是全面依法治国经验最丰富、最系统的五年,凝聚了60多年党治国理政的大智慧,形成了推进国家治理体系和治理能力现代化的新经验。应当说,文章的概括是准确的和深刻的,全景呈现了我们党加强和改进对依法治国的领导的不懈努力和巨大成效。

(四)"党大还是法大"是一个伪命题

党的领导是中国特色社会主义最本质的特征,是社会主义法治最根本的保证。然而,在现实生活尤其是在网络上,有人故意在党和法之间搞对立,提出"党、法不能两立",甚至诘问"党大还是法大"。其实,所谓"党大还是法大",是一些别有用心者刻意生造出来的一个伪命题,根本目的在于企图借"法治"问题在党的领导上打开缺口,进而否定党的领导和社会主义制度。对此我们必须辨析清楚。

第一,党的本质是一种政治组织,而法的本质是一种行为规则,两者之间不存在可比性,更不存在谁比谁大的问题。打一个不太恰切的比方,有一辆在铁轨上疾驰的列车,党的领导就如同驾驶列车的司机,依法治国则如同列车运行其上的轨道,我们能问"司机重要还是铁轨重要"吗? 没有司机,列车就运行不起来;而没有铁轨,列车同样无法行驶。从这一意义上说,"党大还是法大"的确是一个伪命题,它实际上是故意在同一事物的不同部分之间制造矛盾,结果只能是造成该事物的分裂。正由于此,习近平总书记强调,"我们说不存在'党大还是法大'的问题,是把党作为一个执政整体而言的,是指党的执政地位和领导地位而言的"。①

第二,"党大还是法大"这一伪命题,实际上是以扭曲的形式反映出了"权大还是法大"这一真问题。为什么"党大还是法大"的诘问迷惑了一部分人,让人觉得这是个问题? 是因为它反映了现实生活中存在的一些现象。例如,一些领导干部法治观念不强,不依法办事,甚至以言代法、以权压法、徇私枉法。这些现象就会严重影响法

---

① 《习近平关于全面依法治国论述摘编》,中央文献出版社,2015,第37页。

治的公正,使人产生"党比法大"的感受。但实际上,这不是"党比法大",而是"权比法大"。习近平总书记就此指出,"如果说'党大还是法大'是一个伪命题,那么对各级党政组织、各级领导干部来说,权大还是法大则是一个真命题。纵观人类政治文明史,权力是一把双刃剑,在法治轨道上行使可以造福人民,在法律之外行使则必然祸害国家和人民"。① 这就要求,每个党政组织、每个领导干部,都必须服从和遵守宪法法律,在宪法和法律的范围内活动,而不能以党自居,不能把党的领导作为个人以言代法、以权压法、徇私枉法的挡箭牌。

第三,要坚持从现象到本质,进一步深刻认识到党和法的关系是政治和法治关系的集中反映。这是从理论的深层次上进一步说明党和法的关系。习近平总书记强调,党和法的关系是一个根本问题,处理得好,则法治兴、党兴、国家兴;处理得不好,则法治衰、党衰、国家衰。他深刻指出,党和法的关系是政治和法治关系的集中反映。

① 《习近平关于全面依法治国论述摘编》,中央文献出版社,2015,第37~38页。

法治当中有政治,没有脱离政治的法治。西方法学家也认为公法只是一种复杂的政治话语形态,公法领域内的争论只是政治争论的延伸。每一种法治形态背后都有一套政治理论,每一种法治模式当中都有一种政治逻辑,每一条法治道路底下都有一种政治立场。具体到我们国家政治和法治的关系,习近平总书记从"三个本质"的高度做了概括,即"我们要坚持的中国特色社会主义法治道路,本质上是中国特色社会主义道路在法治领域的具体体现;我们要发展的中国特色社会主义法治理论,本质上是中国特色社会主义理论体系在法治问题上的理论成果;我们要建设的中国特色社会主义法治体系,本质上是中国特色社会主义制度的法律表现形式"。这些深刻的论述表明,在党和法的关系、政治和法治的关系等重要问题上,一定要胸有定见,要有主心骨,始终坚持党的领导是中国特色社会主义法治之魂,始终坚持党的领导、依法治国和人民当家作主的辩证统一,坚定不移走自己的道路。

三 准确理解依法治国首先是依宪治国

全面依法治国,是实现国家治理体系和治理能力现代化的必然要求,更是关系我们党执政兴国、关系人民幸福安康、关系国家长治久安的重大战略问题。全面依法治国的要求和举措是多方面的,是一个严密的整体。对全面依法治国,必须科学、系统、准确地进行把握,而不能出于主观意图而有所偏废、任意取舍。

全面依法治国,首先是依宪治国。但是,必须清楚,我们所说的"依宪治国"与西方国家的"宪政"是截然不同的。这种不同,体现在很多方面,尤其是体现在坚持依宪治国必须坚持中国特色社会主义制度、坚持人民民主专政的国体、坚持马克思主义思想指导上。当前,必须科学准确地理解"全面依法治国,首先是依宪治国"这一论断的深刻含义,而不能陷入西方国家"宪政"的话语陷阱。

(一) 依法治国,首先是依宪治国

从法律地位和效力来看,宪法是国家的根本法,是治国安邦的总章程,具有最高的法律地位、法律权威、法律

效力,具有根本性、全局性、稳定性、长期性。这就要求我们必须毫不动摇地维护宪法权威,捍卫宪法尊严,恪守宪法原则,确保宪法实施。

2012 年 12 月 4 日,习近平总书记在首都各界纪念现行宪法公布施行 30 周年大会上讲话时就明确指出:"依法治国,首先是依宪治国;依法执政,关键是依宪执政。"①党的十八届四中全会决定进一步强调:"宪法是党和人民意志的集中体现,是通过科学民主程序形成的根本法。坚持依法治国首先要坚持依宪治国,坚持依法执政首先要坚持依宪执政。"党的十九大报告指出:"加强宪法实施和监督,推进合宪性审查工作,维护宪法权威。"②这些重要论述表明,我国宪法以国家根本法的地位和形式,确认了党领导人民革命、建设和改革事业的伟大成果,确认了中国特色社会主义道路、理论体系和制度,确立了社会主

---

① 《十八大以来重要文献选编》(上),中央文献出版社,2014,第 91 页。

② 习近平:《决胜全面建成小康社会 夺取新时代中国特色社会主义伟大胜利——在中国共产党第十九次全国代表大会上的报告》,人民出版社,2017,第 38 页。

义法治的基本原则,反映了我国各族人民的共同意志和根本利益,是历史新时期党和国家的中心工作、基本原则、重大方针、重要政策在国家法制上的最高体现。正由于此,讲依法治国,首先就要讲依宪治国;强调依法治国,首先就要强调依宪治国。决不能抛开宪法而抽象地谈论依法治国。

历史是最好的教科书。对依法治国和依宪治国的认识,需要带着深沉的历史底色来理解。近代以来,中国面对着帝国主义和封建主义的双重压迫,处于亡国灭种的悲惨境地,一代代中国人在痛苦中百折不挠地探求民族振兴、国家富强、人民幸福的道路。只有在中国共产党的领导下,中华民族才找到了中国革命的正确道路,赢得了中国近现代历史上最为伟大的胜利,建立了新中国,实现了人民当家作主。血染的风采,最为动人。苦难的辉煌,何其壮烈!今日之中国从何而来,又将到何处去?中国具有何种国家性质,拥有怎样的前途命运?我国宪法不仅确认了公民的基本权利和义务,设定了国家机构,规定了国家象征,而且更为重要的,是在全部条文尤其是在序言和第一章《总纲》中,对这些涉及我们国家民族命运的根本性问题做出了深刻的总结和系统的回答。

宪法是历史经验的凝练，是国家意志的体现，是人民奋斗的成果，是法律体系的灵魂。正由于此，毛泽东在领导制定新中国第一部宪法"五四宪法"后就曾指出，"一个团体要有一个章程，一个国家也要有一个章程，宪法就是一个总章程，是根本大法"。① 改革开放以来，我们党根据十一届三中全会确立的路线方针政策，总结我国社会主义建设正反两方面经验，深刻吸取十年"文化大革命"的沉痛教训，借鉴世界社会主义成败得失，适应我国改革开放和社会主义现代化建设、加强社会主义民主法制建设的新要求，领导制定了我国现行宪法。为了使我国宪法在保持稳定性和权威性的基础上紧跟时代前进步伐，不断与时俱进，全国人大又于 1988 年、1993 年、1999 年、2004 年，分别对我国宪法个别条款和部分内容做出了必要的修正。历览 60 多年来中国人民制定和实施宪法的历程，可以清楚地看到，宪法与国家前途息息相关，与人民命运时时相系。维护宪法权威，就是维护党和人民共

---

① 《毛泽东文集》第 6 卷，人民出版社，1999，第 328 页。

同意志的权威。捍卫宪法尊严，就是捍卫党和人民共同意志的尊严。保证宪法实施，就是保证人民根本利益的实现。历史的经验告诉我们，只要我们切实尊重和有效实施宪法，人民当家作主就有保证，党和国家事业就能顺利发展。反之，如果宪法受到漠视、削弱甚至破坏，人民权利和自由就无法保证，党和国家事业就会遭受挫折。当前，面对新的历史阶段和发展机遇，我们必须更加自觉地恪守宪法原则、弘扬宪法精神、履行宪法使命。可以说，"依法治国，首先是依宪治国；依法执政，关键是依宪执政"这一重要论断，既是对历史的总结，更是走向未来的保障。

在推进中国特色社会主义事业历史进程中，习近平总书记反复强调："宪法是国家的根本法。法治权威能不能树立起来，首先要看宪法有没有权威。必须把宣传和树立宪法权威作为全面推进依法治国的重大事项抓紧抓好，切实在宪法实施和监督上下功夫。"①当前，我们要以

---

① 《十八大以来重要文献选编》（中），中央文献出版社，2016，第148页。

宪法为最高法律规范,继续完善以宪法为核心的中国特色社会主义法律体系,把国家各项事业和各项工作纳入法制轨道,实现国家和社会生活制度化、法制化。

(二)依宪治国,必须始终坚持中国特色社会主义

从新中国第一部宪法即"五四宪法",直到现行宪法即"八二宪法",以及全国人大对宪法个别条款和部分内容的重要修订,始终贯穿着社会主义的原则。当前全面推进依法治国,必须始终把握中国特色社会主义方向,坚持中国特色社会主义制度。

法治不是抽象的,必须要有一套制度尤其是政治制度作为依托。审视世界上任何一个国家,可以发现绝没有任何一种可以离开制度依托的所谓法治。依法治国,依宪治国,绝不是要撇开中国特色社会主义制度另搞一套。那种以为脱离开中国特色社会主义制度可以推进法治的观点,只能是沙上宝塔、空中楼阁。

早在1953年1月,中央人民政府委员会举行第二十次会议,就一致通过了《关于召开全国人民代表大会及各级人民代表大会的决议》,并决定成立以毛泽东为主席,以朱德、宋庆龄、李济深、邓小平、李维汉等32人为委员的宪法起草委员会。此后,由中共中央指定了一个宪法起草小组,由毛泽东主席亲自领导。为了集中精力,毛泽东决定到杭州起草宪法初稿。他说:"治国,须有一部大法。我们这次去杭州,就是为了能集中精力做好这件立国安邦的大事。"在杭州召开的宪法起草工作会上,毛泽东就明确提出了起草的指导思想和编写原则,"我们社会主义的宪法,一要坚持人民民主的原则,二要坚持社会主义的原则"。

中国特色社会主义来之不易。我们党领导全国各族人民,经过长期艰难曲折的武装斗争和其他形式的斗争,推翻了帝国主义、封建主义和官僚资本主义的统治,取得了新民主主义革命的伟大胜利,建立了中华人民共和国。新中国成立后,我们党又适时地带领全国各族人民逐步过渡到社会主义社会,完成了对生产资料私有制的社会主义改造,消灭了人剥削人的制度,确立了社会主义基本制度。当时毛泽东同志所讲的两条原则,体现了这个现实和历史趋势。60多年来,实践证明,我们的社会主义制度体系,对捍卫国家主权、保障人民自由安康、实现各项发展目标,发挥了最根本的制度作用。中国的国情决定了我们正处于并将长期处于社会主义初级阶段,我们在经济、政治、文化、社会等各个领域所确立的具有中国特色的社会主义制度体系,是符合中国国情的,具有强大的生命力,必须长期坚持,动摇不得。

对于中国特色社会主义制度的优势,习近平总书记在十八届中央政治局第一次集体学习时就有一个明确的概括。他指出:"中国特色社会主义制度,坚持把根本政治制度、基本政治制度同基本经济制度以及各方面体制机制等具体制度有机结合起来,坚持把国家层面民主制度同基层民主制度有机结合起来,坚持把党的领导、人民当家作主、依法治国有机结合起来,符合我国国情,集中体现了中国特色社会主义的特点和优势,是中国发展进步的根本制度保障。"①在首都各界纪念现行宪法公布施行30周年大会上,习近平总书记再次强调指出,国家的根本制度和根本任务,国家的领导核心和指导思想,工人阶级领导的、以工农联盟为基础的人民民主专政的国体,

① 《十八大以来重要文献选编》(上),中央文献出版社,2014,第75页。

人民代表大会制度的政体,中国共产党领导的多党合作和政治协商制度、民族区域自治制度以及基层群众自治制度,爱国统一战线,社会主义法制原则,民主集中制原则,尊重和保障人权原则,等等,这些宪法确立的制度和原则,我们必须长期坚持、全面贯彻、不断发展。

只有社会主义才能救中国,只有社会主义才能发展中国。中国特色社会主义制度是中国特色社会主义法治体系的根本制度基础,是全面推进依法治国的根本制度保障。依法治国,依宪治国,就是要求我们着力落实这些宪法确立的制度和原则,让法治在中国特色社会主义制度基础上更好地发挥保障作用。

(三)依宪治国,必须始终坚持人民民主专政的国体

我国宪法《总纲》第一条明确规定,中华人民共和国是工人阶级领导的、以工农联盟为基础的人民民主专政的社会主义国家。这一规定,指明了我们国家的领导核心、阶级基础、依靠力量和可以团结的力量,确定了我们国家的根本属性。

人民是历史的创造者,也是国家和社会的主人。人民民主专政强调最广泛的人民民主,即一切权力属于人民,通过发挥民主和专政两种职能,保卫党和人民奋斗的成果,捍卫社会主义制度,保障最广大人民管理国家事务、经济文化和社会事务的权力。早在1843年,马克思在实现思想转变的时期,就在《黑格尔法哲学批判》中提出了一个著名观点:"在民主制中,国家制度本身只表现为一种规定,即人民的自我规定。"[①]实现人民自主管理国家,正是马克思主义在民主问题上的根本要义。巴黎公社是社会主义民主走向实践的最早模式。马克思根据巴黎公社的民主制度对无产阶级的民主政治建设提出了设想,认为巴黎公社给共和国奠定了真正民主制度的基础。在马克思恩格斯那里,无产阶级国家已不再是原来意义上的国家,不再是阶级统治和剥削的工具,而是工人阶级领导的以工农联盟为基础的、实行新型民主和新型专政相结合的新型国家。

毛泽东等老一辈无产阶级革命家领导中国人民,经过艰苦卓绝的斗争建立了新中国,并提出了以工人阶级为领导、以工农联盟为基础的人民民主专政理论等一系

---

① 《马克思恩格斯全集》第3卷,人民出版社,2002,第39页。

列重要思想,成为马克思主义国家学说的重要组成部分。人民民主专政成为中华人民共和国的国体,被《宪法》以国家根本法的形式确定下来。毛泽东指出,中国人民在几十年中积累起来的一切经验,都叫我们实行人民民主专政。他强调:"为什么理由要这样做? 大家很清楚。不这样,革命就要失败,人民就要遭殃,国家就要灭亡。"针对反动势力"你们不是要消灭国家权力吗"的指责,毛泽东针锋相对地指出:"我们要,但是我们现在还不要,我们现在还不能要。为什么? 帝国主义还存在,国内反动派还存在,国内阶级还存在。我们现在的任务是要强化人民的国家机器,这主要地是指人民的军队、人民的警察和人民的法庭,借以巩固国防和保护人民利益。以此作为条件,使中国有可能在工人阶级和共产党的领导之下稳步地由农业国进到工业国,由新民主主义社会进到社会主义社会和共产主义社会,消灭阶级和实现大同。"①

从新中国成立至今,历史一再证明,人民民主专政是我们须臾不可动摇的国体,是维护我国长治久安和保障

---

① 《毛泽东选集》第4卷,人民出版社,1991,第1475～1476页。

民族伟大复兴的坚强柱石。毛泽东同志明确指出:"我们的国家制度是人民民主专政,民主是商量办事,不是独裁,但集中是必要的。"①他回顾 28 年的革命历史,站在总结历史规律的高度指出:"总结我们的经验,集中到一点,就是工人阶级(经过共产党)领导的以工农联盟为基础的人民民主专政。这个专政必须和国际革命力量团结一致。这就是我们的公式,这就是我们的主要经验,这就是我们的主要纲领。"②历史的经验,尤其是在血与火的革命斗争中淬炼出来的宝贵经验,在任何时刻都不应被遗忘。

革命时期要坚持人民民主专政,在和平时期与改革开放新时期同样如此。早在改革开放起步阶段的 1979 年 3 月 30 日,邓小平同志就在党的理论工作务虚会上发表了《坚持四项基本原则》的重要讲话,旗帜鲜明地提出"实现四个现代化必须坚持四项基本原则",其中就包括无产阶级专政,也就是人民民主专政。他指出:

① 《毛泽东文集》第 6 卷,人民出版社,1999,第 387 页。
② 《毛泽东选集》第 4 卷,人民出版社,1991,第 1480 页。

我今天要说的是思想政治方面的问题。中央认为，我们要在中国实现四个现代化，必须在思想政治上坚持四项基本原则。这是实现四个现代化的根本前提。这四项是：

　　第一，必须坚持社会主义道路；

　　第二，必须坚持无产阶级专政；

　　第三，必须坚持共产党的领导；

　　第四，必须坚持马列主义、毛泽东思想。

　　大家知道，这四项基本原则并不是新的东西，是我们党长期以来所一贯坚持的。粉碎"四人帮"以至三中全会以来，党中央实行的一系列方针政策，一直是坚持这四项基本原则的。①

　　为什么要在改革开放伊始这样一个历史时刻，从这样一个高度来提出坚持四项基本原则的问题？这是因为，我们党在粉碎"四人帮"，顺利实现拨乱反正之后，正在引导全国人民解放思想，实事求是，团结一致向着实现

---

① 《邓小平文选》第 2 卷，人民出版社，1994，第 164～165 页。

四个现代化的目标而奋进。但在这一过程中，出现了一些亟待澄清的思想理论问题，迫切需要我们党从理论高度予以回答。邓小平同志尖锐指出："社会上有极少数人正在散布怀疑或反对这四项基本原则的思潮，而党内也有个别同志不但不承认这种思潮的危险，甚至直接间接地加以某种程度的支持。虽然这几种人在党内外都是极少数，但是不能因为他们是极少数而忽视他们的作用。事实证明，他们不但可以而且已经对我们的事业造成很大的危害。"为了有效防止这种危害，树立正确的思想理论认识，就需要在肃清林彪、"四人帮"所散布的极左思潮的同时，"着重对从右面来怀疑或反对四项基本原则的思潮进行一些批判"。① 正是在这样的历史背景下，邓小平同志概括总结了"四项基本原则"，并将其提升到了一个很高的高度来强调。

具体到坚持无产阶级专政、人民民主专政问题上，邓小平同志指出，无产阶级专政对于人民来说就是社会主义民主，是工人、农民、知识分子和其他劳动者所共同享

① 《邓小平文选》第2卷，人民出版社，1994，第166页。

有的民主,是历史上最广泛的民主。他坦承,在民主的实践方面,我们过去做得不够,并且犯过错误。而现在我们已经坚决纠正了过去的错误,并且采取各种措施继续努力扩大党内民主和人民民主。同时,邓小平同志明确指出,"但是发展社会主义民主,决不是可以不要对敌视社会主义的势力实行无产阶级专政"①,因为没有无产阶级专政,就不可能保卫从而也不可能建设社会主义。纵览改革开放的宏大历史进程,邓小平同志始终强调四项基本原则,强调无产阶级专政、人民民主专政。他在1989年5月31日同两位中央负责同志谈话时指出:"反对资产阶级自由化,坚持四项基本原则,这不能动摇。这一点我任何时候都没有让过步。中国不搞四个坚持能行吗?人民民主专政能不用吗?坚持不坚持人民民主专政,坚持不坚持马克思主义,坚持不坚持社会主义,坚持不坚持共产党的领导,这是个根本问题。"②1990年12月24日,邓小平同志和几位中央负责同志谈话,再次强调:"我不

---

① 《邓小平文选》第2卷,人民出版社,1994,第168页。
② 《邓小平文选》第3卷,人民出版社,1993,第299页。

止一次讲过,稳定压倒一切,人民民主专政不能丢。你闹资产阶级自由化,用资产阶级人权、民主那一套来搞动乱,我就坚决制止。马克思说,阶级斗争不是他的发现,他的理论最实质的一条就是无产阶级专政。无产阶级作为一个新兴阶级夺取政权,建立社会主义,本身的力量在一个相当长时期内肯定弱于资本主义,不靠专政就抵制不住资本主义的进攻。坚持社会主义就必须坚持无产阶级专政,我们叫人民民主专政。在四个坚持中,坚持人民民主专政这一条不低于其他三条。理论上讲清楚这个道理是必要的。"①1992年的南方谈话,可谓邓小平理论的压卷之作。在这一著名历史文献中,邓小平同志同样强调了坚持四项基本原则、坚持人民民主专政问题。他指出,"在整个改革开放的过程中,必须始终注意坚持四项基本原则"。他还援引马克思主义发展史进一步指出,依靠无产阶级专政保卫社会主义制度,这是马克思主义的一个基本观点。社会主义的巩固与发展,是一个需要几代人、十几代人,甚至几十代人不懈奋斗的漫长过程,在

---

① 《邓小平文选》第3卷,人民出版社,1993,第364~365页。

这一过程中,最关键的就是始终坚持并不断巩固人民民主专政。"历史经验证明,刚刚掌握政权的新兴阶级,一般来说,总是弱于敌对阶级的力量,因此要用专政的手段来巩固政权。对人民实行民主,对敌人实行专政,这就是人民民主专政。运用人民民主专政的力量,巩固人民的政权,是正义的事情,没有什么输理的地方。"①这是党领导人民全面总结历史经验得出的不可移易的结论。

2017年上半年,电视剧《人民的名义》热播,"人民的名义"成为一个热词。我们从中要深刻认识的一个理论问题则是:必须要有一个实体,如此才能承担起"人民的名义",否则"人民的名义"就会只停留在"名义"上,而事实上不为"人民"所拥有。这一实体只能是人民民主专政的国家政权。在电视剧中,形象化地体现为以侯亮平、陈岩石、赵东来等为代表的,正义的、英勇的公检法队伍。没有这样一个实体、没有这样一支队伍,我们就既不能有力地遏制腐败,也不能有效地消灭自身肌体中的毒瘤,更不能防范和抵御别有图谋的境外势力。果真如此的话,

---

① 《邓小平文选》第3卷,人民出版社,1993,第379页。

人民的利益将难以保障，人民的名义也将成为空谈。

正由于此，全面推进依法治国、依宪治国，决不是要削弱人民民主专政，而是以更加法制化、规范化、常态化的方式巩固人民民主专政，使人民当家作主的地位更加牢靠，范围更加扩大，方式更加完备，程序更加顺畅。当前，就是要保证公民在法律面前一律平等，尊重和保障人权，保证人民依法享有广泛的权利和自由，保障公民的人身权、财产权、基本政治权利等各项权利不受侵犯，保证公民的经济、文化、社会等各方面权利得到落实，努力维护最广大人民的根本利益，保障人民群众对美好生活的向往和追求。

（四）依宪治国，必须始终坚持马克思主义思想指导

马克思主义理论揭示了自然界、人类社会和思维发展的客观规律，指明了实现无产阶级与全人类解放的理想目标和现实道路，实现了人类思想史上划时代的根本变革。马克思主义既是工人阶级的根本利益和意志的理论表达，又是人类认识世界和改造世界所取得的最优秀的思想成果，具有科学认知的功能。它不但为人们观察、分析社会问题和社会矛盾提供了科学的立场、观点、方法,也为中国社会主义革命和建设的实践提供了理论指南。

自从马克思主义学术在中国兴起,中国人对社会和历史的看法就为之一新。马克思主义特有的科学性与实践性的统一,为包括法学在内的哲学社会科学研究者分清什么是精华,什么是糟粕,什么是与历史进步潮流相一致的先进思想,什么是与历史发展趋势相背离的落后因素指明了方向。没有马克思主义的指导,哲学社会科学研究将长期漂浮在脱离社会实践的头脑中,停留在空疏词句的表层上,无法进入社会历史的深处。在复杂的社会历史现实中,马克思主义,最善于从纷繁复杂的现象中抓住问题的本质,最善于从错综复杂的关系中厘清关节点,最善于从聚讼纷纭的思潮中获得科学的认识。坚持马克思主义的指导地位,既是五四运动以来历史发展的必然要求,也是当前不断深化中国特色社会主义法治体系、全面推进依法治国的必然要求。

在改革开放十周年之际,我国著名法学家、政治学家张有渔先生在《法学十年》一文中写道:"我国法学,始终以马克思主义法学基本原理为指导,这是它的优势和长处。法学的进一步发展,必须继续坚持这个优势和长处,也就是把我国法学放在当代法学的一个新的、科学的、高水平的基点上。"①针对那种"盲目推崇和效仿资产阶级法学,而不是加以具体分析"的不良倾向,他明确指出,在法学上,西方法学界对立法、司法的某些具体制度和措施的研究与论述,对政治、经济、文化和社会其他生活领域的某些法律制度和具体实行方法的研究与论述,对社会治安和预防犯罪的某些问题的研究与论述,对国际经济、科技和文化交往中一系列法律问题的研究与论述等,有些是值得我们研究、借鉴的,但就整个法学的理论基础和指导思想来说,西方法学界的许多人还受着实证主义和先验论的束缚,同时,因他们的阶级地位、所处的社会环境和服务对象等关系,一般对历史唯物主义持怀疑或否定的态度。因而,对其需要具体分析,不能照抄,在他们的国家是行之有效的、好的东西,在我们国家由于本质不同,背景不同,时间、地点、条件不同,实际上不可能完全适用。如果我们盲目地推崇或效仿资产阶级法学,从我

---

① 《张有渔文选》(下卷),法律出版社,1997,第587页。

国法学的基点上看,就不是前进,而是倒退。① 张有渔先生的这一论述,应当说直到现在仍然具有重要的指导意义和针对性。

2014 年 10 月 23 日,习近平在中共十八届四中全会第二次全体会议上的讲话指出:"要总结和运用党领导人民实行法治的成功经验,围绕社会主义法治建设重大理论和实践问题,不断丰富和发展符合中国实际、具有中国特色、体现社会发展规律的社会主义法治理论,为依法治国提供理论指导和学理支撑。我们的先人们早就开始探索如何驾驭人类自身这个重大课题,春秋战国时期就有了自成体系的成文法典,汉唐时期形成了比较完备的法典。我国古代法制蕴含着十分丰富的智慧和资源,中华法系在世界几大法系中独树一帜。要注意研究我国古代法制传统和成败得失,挖掘和传承中华法律文化精华,汲取营养、择善而用。"②这就对我国的法学基础理论建设提出了重要的期待和要求,法学学科的理论体系、学术话语

① 参见《张有渔文选》(下卷),法律出版社,1997,第 587～588 页。
② 《习近平谈治国理政》第二卷,外文出版社,2017,第 117～118 页。

体系、教材体系应当努力成长为社会主义国家依法治国实践的学术阵地和智慧支撑。习近平总书记在2017年五四青年节前夕视察中国政法大学时，围绕法学学科体系建设又指出："我们有我们的历史文化，有我们的体制机制，有我们的国情，我们的国家治理有其他国家不可比拟的特殊性和复杂性，也有我们自己长期积累的经验和优势，在法学学科体系建设上要有底气、有自信。要以我为主、兼收并蓄、突出特色，深入研究和解决好为谁教、教什么、教给谁、怎样教的问题，努力以中国智慧、中国实践为世界法治文明建设作出贡献。对世界上的优秀法治文明成果，要积极吸收借鉴，也要加以甄别，有选择地吸收和转化，不能囫囵吞枣、照搬照抄。"[1]当前，我们要以习近平总书记的重要讲话精神为指导，坚持把马克思主义法学原理同中国实际相结合，切实反对对西方法学理论和法学思潮的"囫囵吞枣、照搬照抄"，而要以我为主、为我所用、加强甄别、批判吸收，更好地建设和发展中国特色

---

① 《习近平在中国政法大学考察》，新华网，http://news. xinhuanet. com/politics/2017－05/03/c_1120913310. htm。

社会主义法治理论。

当前,坚持马克思主义对法治中国建设的引领作用,集中体现在坚持中国特色社会主义法治理论上。习近平总书记强调,全面推进依法治国,必须贯彻中国特色社会主义法治理论。党的十八届四中全会通过的《中共中央关于全面推进依法治国若干重大问题的决定》强调,要"围绕社会主义法治建设重大理论和实践问题,推进法治理论创新,发展符合中国实际、具有中国特色、体现社会发展规律的社会主义法治理论,为依法治国提供理论指导和学理支撑"。中国特色社会主义法治理论是对马克思主义法律观的继承、创新和重大发展,是推进马克思主义法学思想中国化的最新成果,是全面推进依法治国、加快建设社会主义法治国家的重要理论指导、思想基础和学理支撑。进一步建构、丰富和完善中国特色社会主义法治理论,离不开马克思主义的指导。运用马克思主义理论的"显微镜"和"放大镜",可以帮助我们更好地认识法律问题、提升法治实践、总结法治经验、建设法治中国。进而言之,解决法治问题还需要突破法的领域,深入更加广阔的社会领域和政治生活层面。马克思主义的历史洞察力、理论穿透力,可以使我们更加深刻地分析当前的社会结构、阶级阶层关系、前进趋势、发展动力以及我们面临的各种矛盾风险,更好地凝聚共识、聚拢人心、坚持信念、实现理想。马克思主义是不朽的。马克思主义历久弥新的时代价值,体现在其普遍原理与当代中国新的实际的结合上。

中国特色社会主义法治理论的理念、原则和根本要求都体现和贯穿在中国特色社会主义法律体系之中。中国特色社会主义法律体系是一个丰富的体系,需要继续完善、不断发展。宪法是中国特色社会主义法律体系的统帅和灵魂。宪法的原则、精神、理念和根本要求,深刻体现和贯穿在中国特色社会主义法律体系的全部机体之中。我们必须以习近平总书记系列重要讲话精神为指导,学习好、领会好、宣传好、贯彻好党的十八届四中全会决定,全面贯彻实施宪法,全面推进依法治国,让中华人民共和国宪法的力量在建设法治中国的历史进程中更加充分地展现出来。

四　科学认识全面依法治国与坚持人民民主专政的关系

全面依法治国,是以习近平同志为核心的党中央在十八大以来,做出的一项极其重要的顶层设计和治国方略。这项治国方略同我们国家的其他制度、其他安排一道,为我们实现民族复兴中国梦提供了坚强保障。

然而,在现实中和网络上还存在这样一种值得商榷的观点,这种观点将全面推进依法治国与人民民主专政对立起来,似乎坚持依法治国就得否定人民民主专政,坚持人民民主专政就会妨碍依法治国。这种观点实际上是人为地、有意地在坚持依法治国与坚持人民民主专政之间划了一条鸿沟,以此干扰、削弱甚至否定人民民主专政,同时歪曲我们党全面推进依法治国、建设社会主义法治国家的正确方向。因此,必须从理论上深刻讲清全面依法治国与坚持人民民主专政、坚持四项基本原则的关系,廓清错误认识,凝聚理论共识。

（一）二者是治国方式与国家性质的关系

从根本上说，依法治国是党领导人民治理国家的基本方略，人民民主专政是新中国须臾不可动摇的国体，二者是治国方式与国家性质的关系，不存在任何矛盾或冲突。

从民族危亡、存亡续绝的乱局中自立自强于世界民族之林，是近代以来中国人民面临的一个根本性的历史课题。在中国建立何种国体，以什么性质的国家政权来保卫党领导人民奋斗取得的成果，既规定了解决这一课题的方向，又是解决这一课题的必然结果。

从1840年鸦片战争以来，中国人民和无数仁人志士上下求索，艰难寻找着能够实现民族复兴、国家富强的道路。只有中国共产党的成立，才为中国革命成功和新中国的建立找到了正确的方向，并取得了最终的胜利。早在1940年1月，毛泽东同志就以"我们要建立一个新中国"的豪迈，在《新民主主义论》一文中对国家的国体问题做了科学的论述，初步指明了我们所要建立的国体。

针对"从前清末年起，闹了几十年还没有闹清楚"的国体问题，毛泽东同志指出，国体"只是指的一个问题，就是社会各阶级在国家中的地位。资产阶级总是隐瞒这种阶级地位,而用'国民'的名词达到其一阶级专政的实际"。① 也就是说,国体反映的是国家的根本性质,是封建主义国家、资本主义国家,还是社会主义国家,涉及的是国家的根本政治制度和经济制度,它规定了哪个阶级是占统治地位的阶级。毛泽东根据政权的阶级性质,将世界上多种多样的国家体制划分为三种:一是资产阶级专政的共和国,这是旧民主主义的国家;二是无产阶级专政的共和国,这是苏联以及正在各资本主义国家中酝酿的国家形式,"将来要成为一定时期中的世界统治形式";三是殖民地半殖民地国家的革命所采取的过渡的国家形式,即几个反对帝国主义的阶级联合起来共同专政的新民主主义的国家。毛泽东认为,当时中国所要采取的,只能是最后一种新民主主义共和国,它一方面和旧式的、资产阶级专政的、资本主义共和国相区别;另一方面也和苏联式的、无产阶级专政的、社会主义的共和国相区别;但这种新民主主义共和国是一种过渡的形式,只能在一定

---

① 《毛泽东选集》第 2 卷,人民出版社,1991,第 676 页。

的历史时期内存在，它的发展前途必然是无产阶级专政的共和国。新民主主义革命之所以被称为"新"民主主义，就在于基于当时中国的历史和现实，确立了这样一种新民主主义共和国的目标，它是方向，是道路，又是能够动员和联合各方力量，激发最广大人民为了抗战胜利、打破帝国主义压迫的不懈奋斗的动力。

随着抗日战争和人民解放战争的胜利，一个崭新的中国呼之欲出。1949年9月召开的中国人民政治协商会议第一届全体会议，集中全国各族人民的意志，制定了《共同纲领》，确立了以"工人阶级（经过共产党）领导的、以工农联盟为基础的人民民主专政"的国体，以此来确认党领导人民团结奋斗的根本成果，来保卫新中国建设事业的顺利开展，捍卫国家的长治久安。新中国第一部宪法"五四宪法"以国家根本法的形式确认了这一点。现行宪法对这一点也从根本上做了完全一致的规定。近70年来，人民民主专政的国体，对捍卫国家主权、保障人民自由安康、实现我们的各项发展目标，发挥了最根本的制度作用。实践日益证明，这个制度和其他基本制度符合中国国情，具有强大的生命力。

在新的历史条件下,党的十八大强调,依法治国是党领导人民治理国家的基本方略,法治是治国理政的基本方式,要更加注重发挥法治在国家治理和社会管理中的重要作用,全面推进依法治国,加快建设社会主义法治国家。党的十八届三中全会提出,全面深化改革的总目标是完善和发展中国特色社会主义制度、推进国家治理体系和治理能力现代化。确立这个目标,丝毫不否定人民民主专政的国体,同时要求高度重视法治建设。人民民主专政是我们须臾不可动摇的国体,要解决的是国家性质的问题,强调人民民主和对敌专政的统一;依法治国要解决的是党领导人民治理国家的基本方略问题,强调法治是治国理政的基本方式,更加注重发挥法治在国家治理和社会管理中的重要作用。人民民主专政回答"是什么",依法治国回答"如何是",二者没有任何矛盾或冲突,高度统一于中国特色社会主义政治发展道路之中。

习近平总书记在首都各界纪念现行宪法公布施行30周年大会上强调指出,宪法确立的国家的根本制度和根本任务,国家的领导核心和指导思想,工人阶级领导的、以工农联盟为基础的人民民主专政的国体,人民代表大会制度的政体,中国共产党领导的多党合作和政治协商制度、民族区域自治制度以及基层群众自治制度,爱国统一战线,社会主义法制原则,民主集中制原则,尊重和保障人权原则等制度和原则,我们必须长期坚持、全面贯彻、不断发展。依法治国,推进社会主义法治国家建设,就是要着力落实包括人民民主专政国体在内的这些宪法确立的制度和原则。

(二)全面推进依法治国是为了不断巩固国体

从国家层面来讲,全面推进依法治国,加快建设社会主义法治国家,是为了不断巩固我国的国体,充分体现人民意志、充分保障人民民主权利、充分维护人民根本利益。

如前所述,所谓人民民主专政,就是强调最广泛的人民民主,即一切权力属于人民,而人民包括全体社会主义劳动者、社会主义事业的建设者、拥护社会主义的爱国者和拥护祖国统一的爱国者,不是属于某一利益集团,更不容许外国人干涉。坚持人民民主专政的根本目的,在于保卫党和人民奋斗的成果,捍卫社会主义制度,保障最广大人民当家作主的权利。毛泽东同志在新中国成立前夕,就站在总结历史经验的高度,深刻指出,"中国人民在几十年中积累起来的一切经验,都叫我们实行人民民主专政"。① 人民民主专政的国体,是唯一能保障人民当家作主的国家形式,只能以各种方式巩固,而不能以任何方式削弱。

全面推进依法治国,加快建设社会主义法治国家,不仅不会削弱人民民主专政,而且是要以更加法制化、规范化、常态化的方式巩固人民民主专政,使人民当家作主的地位更加牢靠,范围更加扩大,方式更加完备,程序更加顺畅。这是党领导人民全面总结历史经验得出的不可移易的结论。邓小平同志深刻指出:"必须使民主制度化、法律化,使这种制度和法律不因领导人的改变而改变,不因领导人的看法和注意力的改变而改变。"②他强调,民主和法制,这两个方面都应该加强,过去我们都不足。要加强民主就要加强法制。没有广泛的民主是不行的,没有健全的法制也是不行的。这好像两只手,任何一只手削

---

① 《毛泽东选集》第4卷,人民出版社,1991,第1475页。
② 《邓小平文选》第2卷,人民出版社,1994,第146页。

弱都不行。此后,依法治国被写入党的十五大报告,成为执政党治理国家的基本方略。党的十六大报告则进一步强调,发展社会主义民主政治,最根本的是要把坚持党的领导、人民当家作主和依法治国有机统一起来。党的领导是人民当家作主和依法治国的根本保证,人民当家作主是社会主义民主政治的本质要求,依法治国是党领导人民治理国家的基本方略。这就从根本上指明了党的领导、人民当家作主与依法治国的关系问题,同时也从根本上指明了人民民主专政与依法治国的关系问题。

立足于中国特色社会主义新时代的历史方位,习近平总书记进一步强调,坚持中国特色社会主义政治发展道路,关键是要坚持党的领导、人民当家作主、依法治国有机统一,以保证人民当家作主为根本,以增强党和国家活力、调动人民积极性为目标,扩大社会主义民主,发展社会主义政治文明。我们要坚持国家一切权力属于人民的宪法理念,最广泛地动员和组织人民依照宪法和法律规定,通过各级人民代表大会行使国家权力,通过各种途径和形式管理国家和社会事务、管理经济和文化事业,共同建设,共同享有,共同发展,成为国家、社会和自己命运的主人。

人民民主专政的国体与依法治国的方略,共同闪烁着人民的光彩,保障着人民的权益,指向人民的福祉。人民的意志、权利和根本权益,在最本质的层面上将人民民主专政与依法治国方略有机统一起来。

(三)"社会主义"与"法治国家"的高度统一

全面推进依法治国,加快建设社会主义法治国家,是"社会主义"与"法治国家"两个方面组成的一个整体,必须统一起来理解,必须旗帜鲜明地反对西方宪政民主的法治模式。

如前所述,依法治国,首先是依宪治国。我国宪法以国家根本法的形式,确认了党领导人民革命、建设和改革事业的伟大成果,确认了中国特色社会主义道路、理论体系和制度,确立了社会主义法治的基本原则,明确规定了实行依法治国、建设社会主义法治国家的庄严使命。

在这里,"社会主义"与"法治国家"是两个方面组成的不可分割的有机整体,必须统一起来认识和理解,决不能将之割裂、分隔甚至人为对立起来。我们必须在中国特色社会主义的总体格局和完整进程中来把握建设社会主义法治国家的宏伟目标。从来不存在抽象的法治目标，我们建设社会主义法治国家，强调坚持党的领导、人民当家作主、依法治国有机统一。其中，最根本的是坚持党的领导。党的领导是中国特色社会主义最本质的体现，是我们强大的政治优势。离开了党的领导，所谓社会主义，只能是空谈。党的领导和社会主义法治也是高度一致的，只有坚持党的领导，人民当家作主才能充分实现，国家和社会生活制度化、法治化才能有序推进。不能把坚持党的领导同人民当家作主、依法治国对立起来，更不能用人民当家作主、依法治国来动摇和否定党的领导。那样做在思想上是错误的，在政治上是十分危险的。正由于此，在"八二宪法"公布施行30周年大会上，习近平同志要求坚持不懈抓好宪法实施工作时，第一条就强调，"坚持正确政治方向，坚定不移走中国特色社会主义政治发展道路"。

当前，尤其要头脑清醒地辨明并反对那种打着推进"依法治国"旗号，行剥离社会主义根本属性之实，进而使中国走西方宪政民主之路的主张。西方国家所谓的宪政民主体制机制等，以西方民主政治为价值选择，以实施多党制、三权分立、两院制等形式,反映了资产阶级的统治要求和政治使命。这条道路和这套制度设计,在坚持人民民主专政的社会主义国家是行不通的。我们需要借鉴人类文明创造的一切有益成果,但不是接受西方发达资本主义国家的宪政模式、政治理念和治理体系,照抄照搬西方的政体模式。南橘北枳,水土不服。中国这块葆有五千载文明史,拥有13亿多人民磅礴聚合之力,纵横960万平方公里的广袤土地,不能成为西方宪政民主话语的跑马场。中国的事情必须由中国人民自己做主张,按照中国的国情和实际来实施。

当前,我们必须更加紧密地团结在以习近平同志为核心的党中央周围,同心同德,协力奋斗,让社会主义法治中国的光芒在人民民主专政的国体基础上更加灿烂地迸射出来,让人民民主专政的国体在依法治国的轨道上行驶得更平稳、更顺畅、更有力。

五　科学认识坚持人民民主专政与坚持
改革开放的关系

改革开放是我国的强国之路,坚持四项基本原则是我国的立国之本。这两个"基本点"哪一个都不能偏废。上一章我们阐释了全面推进依法治国与坚持四项基本原则尤其是坚持人民民主专政的关系,本章还有必要谈一下坚持人民民主专政与坚持改革开放的关系。

我们知道,人民民主专政是我国须臾不可动摇的国体,是社会主义中国立国的根本所在,是中国人民在我们党的领导下流血牺牲、艰苦奋斗所收获的伟大的治国成果,也是被实践证明的符合中国国情、具有中国特色、充满生机活力的制度安排。然而,有一种观点认为,在全面依法治国、处处讲求法治的情况下,坚持人民民主专政的国体,同坚持改革开放是矛盾的,好像一提坚持人民民主专政,就会影响、阻碍、冲击改革开放,进而试图以强调改革开放为借口否定人民民主专政的国体。对这种错误认识,需要从理论上认真地加以阐明。

（一）坚持人民民主专政与坚持改革开放辩证统一

坚持人民民主专政与坚持改革开放，都是社会主义初级阶段党的基本路线的重要组成部分，从来都是辩证统一的关系，而不是要哪个不要哪个或一个方面压倒另一个方面的问题。

习近平总书记在十八届中央政治局第二次集体学习时指出，改革开放是一场深刻革命，必须坚持正确方向，沿着正确道路推进。方向决定道路，道路决定命运。我国改革开放之所以能取得巨大成功，关键是我们把党的基本路线作为党和国家的生命线，始终坚持把以经济建设为中心同四项基本原则、改革开放这两个基本点统一于中国特色社会主义伟大实践，既不走封闭僵化的老路，也不走改旗易帜的邪路。这一论述深刻地指明了党的基本路线中"一个中心，两个基本点"的辩证关系，包括坚持人民民主专政与坚持改革开放的关系。

党的十一届三中全会重新确立了解放思想、实事求是的马克思主义思想路线，实现了全党工作重心转移到社会主义现代化建设上来，做出了实行改革开放的伟大决策，并强调必须坚持社会主义道路，坚持人民民主专政,坚持中国共产党的领导,坚持马列主义、毛泽东思想,从而成为形成社会主义初级阶段基本路线的历史起点。这说明我们党从改革开放伊始,就从本质意义上科学地厘清了坚持人民民主专政等四项基本原则同坚持改革开放的关系。1979年3月,邓小平同志在党的理论工作务虚会上发表《坚持四项基本原则》的重要讲话,指出"我们要在中国实现四个现代化,必须在思想政治上坚持四项基本原则。这是实现四个现代化的根本前提"。[①] 他还强调,"每个共产党员,更不必说每个党的思想理论工作者,决不允许在这个根本立场上有丝毫动摇。如果动摇了这四项基本原则中的任何一项,那就动摇了整个社会主义事业,整个现代化建设事业"。[②] 这从根本上指明了实现现代化与坚持四项基本原则的重要关系,坚持人民民主专政,作为四项基本原则的重要组成部分,理所当然地是推进现代化建设事业的根本前提。1986年1月17日,邓小平同志在中央政治局常委会上讲话指出:"搞四个现代

---

① 《邓小平文选》第2卷,人民出版社,1994,第164页。

② 《邓小平文选》第2卷,人民出版社,1994,第173页。

化一定要有两手,只有一手是不行的。所谓两手,即一手抓建设,一手抓法制。党有党纪,国有国法。坚持四项基本原则中为什么要有一条坚持人民民主专政?只有人民内部的民主,而没有对破坏分子的专政,社会就不可能保持安定团结的政治局面,就不可能把现代化建设搞成功。"①1987年7月4日,邓小平同志在会见孟加拉国总统艾尔沙德时更加明确地指出,"搞社会主义现代化建设是基本路线。要搞现代化建设使中国兴旺发达起来,第一,必须实行改革、开放政策;第二,必须坚持四项基本原则";"这两个基本点是相互依存的"。②通过这一系列重要论述,就确立了我们在改革开放历史进程中必须始终遵循的"两个基本点",必须同等重视,而不可偏废。

邓小平同志晚年在南方谈话中,再次强调指出,要坚持党的十一届三中全会以来的路线、方针、政策,关键是坚持"一个中心、两个基本点"。不坚持社会主义,不改革开放,不发展经济,不改善人民生活,只能是死路一条。

---

① 《邓小平文选》第3卷,人民出版社,1993,第154页。

② 《邓小平文选》第3卷,人民出版社,1993,第248页。

基本路线要管一百年,动摇不得。邓小平同志是一位伟大的马克思主义者,善于根据新的实际不断发展马克思主义。在党的基本路线问题上,就鲜明地体现了这一点。他强调坚持四项基本原则,坚持人民民主专政,旗帜鲜明地指出"人民民主专政不能丢",同时又从中国处于并将长期处于社会主义初级阶段的国情出发,大力推进改革开放,认为"不改革就没有出路"。从这一意义上说,坚持人民民主专政与坚持改革开放没有任何矛盾,它们高度统一于中国特色社会主义实践当中。只讲改革开放,忽视甚至刻意剥离人民民主专政,不符合邓小平同志和我们党的一贯判断,在实践中更是极其有害的。

(二)坚持改革开放为人民民主专政提供物质基础

鲜花不能开放在岩石上,国家不能矗立在空言中。坚持改革开放,为我们坚持人民民主专政的社会主义共和国提供了坚实的物质基础,使共和国的国体牢牢矗立在强大的经济社会发展根基之上。

"坚持改革开放是决定中国命运的一招。"[1]邓小平同

---

[1] 《邓小平文选》第 3 卷,人民出版社,1993,第 368 页。

志的这句名言鲜明地概括了改革开放之于当代中国的决定性意义。改革开放是我们的强国之路,是社会主义发展的动力和必要条件。正是因为改革开放所催生的伟大成就,才为国家的富强、社会的进步、民族的振兴、人民的幸福生活,奠定了雄厚的物质基础。

马克思主义认为,经济基础决定上层建筑,经济基础的产生和发展变化,从最根本的意义上决定着上层建筑包括国家政权以及相应的政治法律制度的产生和发展变化。社会主义社会的一个重要特征就是高度发达的生产力,使无产阶级专政的国家政权得以建立在坚实的物质基础上。而由于历史的原因和革命形势的变化,社会主义首先在经济文化落后的国家得以实现。这就给这些社会主义国家提出了一项历史性任务,大力发展社会生产力,加快经济建设,为坚持无产阶级专政(在中国是人民民主专政)、巩固社会主义国家政权,提供强大的物质保障。正由于此,毛泽东在《论人民民主专政》一文中,针对反动派"我们要做生意"的叫嚷,针锋相对地指出,"完全正确,生意总是要做的。我们只反对妨碍我们做生意的内外反动派,此外并不反对任何人……团结国内国际的一切力量击破内外反动派,我们就有生意可做了"。①

也正是在这一意义上,邓小平高度重视改革开放事业,将其作为政治问题,置于大局、全局的位置上加以强调。他指出,如果现在再不实行改革,我们的现代化事业和社会主义事业就会被葬送。"现在就是要硬着头皮把经济搞上去,就这么一个大局,一切都要服从这个大局。"②在南方谈话中,邓小平从"改革也是解放生产力"这一高度更加深刻地指出:"如果没有改革开放的成果,'六·四'这个关我们闯不过,闯不过就乱,乱就打内战,'文化大革命'就是内战。为什么'六·四'以后我们的国家能够很稳定? 就是因为我们搞了改革开放,促进了经济发展,人民生活得到了改善。所以,军队、国家政权,都要维护这条道路、这个制度、这些政策。"③可以看出,坚持、巩固和完善人民民主专政,一刻也离不开改革开放,离不开改革开放所提供的经济条件和物质基础。

---

① 《毛泽东选集》第4卷,人民出版社,1991,第1473页。
② 《邓小平文选》第3卷,人民出版社,1993,第129页。
③ 《邓小平文选》第3卷,人民出版社,1993,第371页。

(三)坚持人民民主专政为改革开放保驾护航

越是伟大的事业,越是会面临严峻的挑战;越是伟大的事业,越是需要坚强的保障。坚持人民民主专政,可以为改革开放事业保驾护航,使中国特色社会主义事业始终沿着正确的方向、道路不断向前推进。

在经济基础决定上层建筑的同时,上层建筑也反作用于经济基础,对经济基础有极大的推进或阻碍作用。习近平总书记就此指出:"一个国家的政治制度决定于这个国家的经济社会基础,同时又反作用于这个国家的经济社会基础,乃至于起到决定性作用。在一个国家的各种制度中,政治制度处于关键环节。"①在我国的政治制度体系中,作为国体的人民民主专政无疑是最为重要的制度,从而也在极其根本的层面上保障着改革开放事业的胜利推进。

在1979年3月《坚持四项基本原则》的重要讲话中,邓小平同志强调,我们必须看到,在社会主义社会,仍然

---

① 《十八大以来重要文献选编》(中),中央文献出版社,2016,第62页。

有反革命分子,有敌特分子,有各种破坏社会主义秩序的刑事犯罪分子和其他坏分子,有贪污盗窃、投机倒把的新剥削分子,并且这种现象在长时期内不可能完全消灭。同他们的斗争不同于过去历史上的阶级对阶级的斗争(他们不可能形成一个公开的完整的阶级),但仍然是一种特殊形式的阶级斗争,或者说是历史上的阶级斗争在社会主义条件下的特殊形式的遗留。对于这一切反社会主义的分子仍然必须实行专政。不对他们专政,就不可能有社会主义民主。这种专政是国内斗争,有些同时也是国际斗争,两者实际上是不可分的。因此,在阶级斗争存在的条件下,在帝国主义、霸权主义存在的条件下,不可能设想国家的专政职能的消亡,不可能设想常备军、公安机关、法庭、监狱等的消亡。它们的存在同社会主义国家的民主化并不矛盾,它们的正确有效的工作不是妨碍而是保证社会主义国家的民主化。事实上,没有无产阶级专政,我们就不可能保卫从而也不可能建设社会主义。① 邓小平的这段重要论述,鲜明地揭示出了人民民主

---

① 参见《邓小平文选》第 2 卷,人民出版社,1994,第 169 页。

专政在维护社会主义秩序、保卫人民劳动成果、反对帝国主义和霸权主义等方面的历史作用。

之后在改革开放的不同阶段，邓小平反复强调坚持人民民主专政，坚持四项基本原则，对于保障改革开放事业、维护党和国家长治久安的重要意义。他在南方谈话中，根据马克思主义国家学说和我国社会发展的长远要求，反复强调坚持人民民主专政的必要性和重要性。他指出，"依靠无产阶级专政保卫社会主义制度，这是马克思主义的一个基本观点"；"无产阶级作为一个新兴阶级夺取政权，建立社会主义，本身的力量在一个相当长时期内肯定弱于资本主义，不靠专政就抵制不住资本主义的进攻。坚持社会主义就必须坚持无产阶级专政，我们叫人民民主专政。在四个坚持中，坚持人民民主专政这一条不低于其他三条"。[①]

习近平2012年12月在广东考察工作时也就此指出，我们的改革开放是有方向、有立场、有原则的。我们当然要高举改革旗帜，但我们的改革是在中国特色社会主义

---

① 《邓小平文选》第3卷，人民出版社，1993，第365页。

道路上不断前进的改革,既不走封闭僵化的老路,也不走改旗易帜的邪路。因而,只有始终坚持人民民主专政,始终坚持四项基本原则,才能保障改革开放的巨轮沿着正确的航向破浪扬帆。

（四）统一于实现民族复兴中国梦的历史进程

事物发展的过程与目的是不可分割的统一整体。归根结底,坚持四项基本原则尤其是坚持人民民主专政,与坚持改革开放统一于实现民族伟大复兴中国梦的历史进程中。

新中国成立以来,尤其是改革开放以来,我国各族人民在党的领导下,同心同德,奋力拼搏,一个充满生机的中国,一个充满希望的中国,已经巍然屹立在世界的东方。

中国为什么能发展起来,为什么能在短短几十年间取得举世瞩目的成就? 答案当然有很多,我们可以从各个角度、各个层面对之进行分析总结。在笔者看来,习近平总书记在庆祝全国人民代表大会成立 60 周年大会上的一段重要讲话,从制度性层面、从治国理政的高度、从最根本的意义上,对这一问题进行了深刻解答。

习近平指出:"中国实行工人阶级领导的、以工农联盟为基础的人民民主专政的国体,实行人民代表大会制度的政体,实行中国共产党领导的多党合作和政治协商制度,实行民族区域自治制度,实行基层群众自治制度,具有鲜明的中国特色。这样一套制度安排,能够有效保证人民享有更加广泛、更加充实的权利和自由,保证人民广泛参加国家治理和社会治理;能够有效调节国家政治关系,发展充满活力的政党关系、民族关系、宗教关系、阶层关系、海内外同胞关系,增强民族凝聚力,形成安定团结的政治局面;能够集中力量办大事,有效促进社会生产力解放和发展,促进现代化建设各项事业,促进人民生活质量和水平不断提高;能够有效维护国家独立自主,有力维护国家主权、安全、发展利益,维护中国人民和中华民族的福祉。"①这一论断表明,中国的国体、政体、党领导的政协制度等一整套制度体系,在政治、经济、文化、社会、外交等全部领域发挥着根本性作用,是我们实现国家富

---

① 《十八大以来重要文献选编》(中),中央文献出版社,2016,第61～62页。

强、民族振兴、人民幸福最为紧要的制度保障。其中,坚持人民民主专政,坚持改革开放,都统一于实现中国梦的历史实践,都在中国人民波澜壮阔的创造性活动中发挥着不可替代的历史作用。

　　总之,人民民主专政的国体不能变,变了就动摇根本;改革开放的强国之路不能停,停了就丧失动力。根本不变,才能保障我们的逐梦之旅永葆正确方向;动力不停,才能让我们昂首阔步行进在希望的大路上,一步比一步更加接近我们的梦想。

六　从宽广的历史视野看待马克思主义与
　　全面依法治国

习近平总书记指出，"全面推进依法治国是一个系统工程，是国家治理领域一场广泛而深刻的革命"。① 这是我们党深入探索人类社会发展规律、社会主义建设规律、国家治理规律所获得的重要认识成果，在马克思主义发展史上具有重要的理论价值和实践意义。要准确深刻地把握全面依法治国，就需要从宽广的历史视野看待和研究马克思主义与依法治国问题。

在导言中，笔者谈到，这本小册子不是围绕具体的法律问题所做的研究，而是坚持写作的现实针对性，运用马克思主义立场、观点和方法，对一些在全面依法治国深层次理论问题上存在的误读和不准确理解，来做些辨析和阐释。按照这一思路，我们对如何准确认识社会主义法治与资本主义法治的根本区别、如何把握党的领导是中

---

① 《习近平谈治国理政》第二卷，外文出版社，2017，第124页。

国特色社会主义法治道路之魂、怎样全面理解依宪治国、怎样科学看待坚持人民民主专政等一系列基础理论问题,做了一些必要的分析和论述。

把问题再想深一层,我们可以发现,实际上,以上种种问题,都可以概括为一个总问题,这就是:在当今时代,马克思主义究竟是不是过时了? 或者说:马克思主义关于国家和法的学说,以及马克思主义研究国家和法的问题的方法,是不是"失灵""失效"了? 如何看待这一总问题,实际上就上升到了世界观和方法论的层面。在本章中,我们对这个总问题再进行一些考察,并正面阐发我们的观点,以此作为全书的收束。

(一)时代问题

第一个问题:在当今时代,马克思主义是不是过时了?

所谓"过时",无非就是说一个事物被时代所抛弃了,时代不再需要该事物了。的确,世界上没有永远不会过时的东西。唯物辩证法不承认任何最终的、绝对的、神圣的东西,它指出了所有一切事物的暂时性。自然,一种思想、一种理论,也自有其存在和适用的时代。

从这一角度入手,要正确回答"马克思主义是不是过时了"这一问题,就要从时代的性质和需要谈起。

笔者认为,不管从哪个意义上理解我们现今所处的时代,时代性质和社会形态并没有发生本质变化,这就从根本上决定了马克思主义依然是时代所需的并能引领时代前进的科学理论。

马克思恩格斯在《德意志意识形态》中曾经描述了黑格尔学派解体带来的思想骚动:"在普遍的混乱中,一些强大的国家产生了,但是立刻又消逝了,瞬息之间出现了许多英雄,但是马上又因为出现了更勇敢更强悍的对手而销声匿迹……在瞬息间一些原则为另一些原则所代替,一些思想勇士为另一些思想勇士所歼灭。"[1]然而这些思想的碰撞和激荡,"都是在纯粹思想的领域中发生的",恰正由于此,它们无法与时代发生任何联系,只是自我封闭和陶醉在纯然思维空间中的喧嚣吵嚷和哲学骗局,注定要在世界历史的现实发展中熄灭生命的最后一点火星。回顾人类思想史的长河,可以从更加辽阔的视域看

---

① 《马克思恩格斯全集》第3卷,人民出版社,1960,第19页。

到,一些思想曾经辉煌但因落后于时代而归于沉寂,一些思想绵延久远但依然能够在新的时代闪烁着传统的片羽吉光,一些思想则植根于时代并长远地指引着时代前进的方向。一时代有一时代之思想学术。对一种思想体系来说,时代的需要是最根本的基础和依托。"一切划时代的体系的真正的内容都是由于产生这些体系的那个时期的需要而形成起来的。"①马克思恩格斯这一论断表明,人类学术思想的递嬗更迭归根到底是由其所处的时代决定的。时代的问题、时代的困惑、时代的挑战和时代的精神,构成了真正具有历史价值的思想理论最深沉的底色。同时,把握了时代脉搏的思想理论也会以科学、系统的方式,来反映时代的根本特征和变化规律,影响时代的变迁与历史的进程。

那么,当今时代是一个怎样的时代?马克思主义之于这一时代,还有没有价值,有哪些价值?对这些问题的回答,直接关涉马克思主义的思想命运。从现有研究来看,在对当今时代的性质等问题上,还存在一些模糊认

①《马克思恩格斯全集》第3卷,人民出版社,1960,第544页。

识。例如,有人认为当前处于知识经济时代、互联网时代,马克思主义作为工业时代的产物,已经过时了;还有人认为当前处于和平与发展的时代,马克思主义作为一种"革命哲学",已经不能应合时需。这些认识实际上没有准确把握划分时代的标准,混淆了时代的性质、时代的特征等不同层面的问题。

笔者认为,可以采用"时代特征—时代主题—时代性质"三个层面的"三分法"来更加清晰、准确地把握时代问题。第一个层面是"时代特征",这是从不同的领域、侧面、角度出发对时代进行的概括,例如着眼于科技领域可以将当今时代概括为高新科技时代,着眼于经济领域可以概括为经济全球化时代,着眼于信息领域可以概括为信息时代,等等。第二个层面是"时代主题",这是立足于一个时代所要解决的主要问题、主要矛盾,对时代进行的概括。例如 19 世纪末 20 世纪初,列宁将时代主题概括为"战争与革命";20 世纪 80 年代以来,邓小平同志全面审视世界格局的新变化,将时代主题概括为"和平与发展"。第三个层面是"时代性质",这是时代问题上最本质、最根本的层面,强调以马克思的社会形态理论为依据，对时代进行定性，对不同的时代进行分期。我们常说的原始社会、奴隶社会、封建社会、资本主义社会、共产主义社会，就属于这一根本层面上的划分。

在马克思主义诞生以前，人们对于如何认识时代、怎样划分时代还理解得不清楚，更多的是用王朝更迭、历史事件、英雄人物、主观意志等作为划分时代的标准。只有到马克思恩格斯创立了唯物史观，才为人们认识时代问题提供了科学的准绳。马克思曾经指出，我们判断一个人不能以他对自己的看法为依据，同样，我们判断一个变革时代也不能以它的意识为依据；相反，这个意识必须从物质生活的矛盾中，从社会生产力和生产关系之间的现存冲突中去解释。在《〈政治经济学批判〉序言》中，马克思明确指出："大体说来，亚细亚的、古代的、封建的和现代资产阶级的生产方式可以看作是经济的社会形态演进的几个时代。"①在《资本论》中进一步指出："各种经济时代的区别，不在于生产什么，而在于怎样生产，用什么劳

---

① 《马克思恩格斯选集》第2卷，人民出版社，1995，第33页。

动资料生产。"①在马克思的全部思想中,始终坚持从社会形态的角度划分人类历史与时代,这是最为根本的标准。恩格斯在《家庭、私有制和国家的起源》中运用马克思确立的研究方法,对摩尔根的历史资料进行再思考,将整个人类社会的发展分为奴隶制、农奴制和近代的雇佣劳动制几种社会形态,并指出资本主义并不是人类最后一种社会形态,人类社会必将进入没有阶级和国家的社会形态。② 根据马克思主义社会形态理论,从"时代性质"这一本质层面上讲,当今时代仍然处于社会主义与资本主义两种制度相互竞争、相互较量,社会主义必然胜利、资本主义必然失败的大历史时代。这是我们思考马克思主义前途命运、反驳"马克思主义过时论"的最根本的立足点、出发点和着力点。对这一问题,习近平总书记也鲜明指出:"尽管我们所处的时代同马克思所处的时代相比发生了巨大而深刻的变化,但从世界社会主义500年的大视野来看,我们依然处在马克思主义所指

---

① 《马克思恩格斯全集》第44卷,人民出版社,2001,第210页。
② 参见《马克思恩格斯选集》第4卷,人民出版社,1995,第24页。

明的历史时代。这是我们对马克思主义保持坚定信心、对社会主义保持必胜信念的科学根据。"①他要求马克思主义理论工作者立足时代特点,推进马克思主义时代化,更好运用马克思主义观察时代、解读时代、引领时代,真正搞懂面临的时代课题,深刻把握世界历史的脉络和走向。

因此,从时代与思想的关系考察,马克思主义绝未过时,我们依然生活在一个需要马克思的时代。这个时代所面临的问题和难题,仍然需要我们通过掌握马克思所提供的思想武器而找到解决的路径。青年马克思曾经满怀激情地宣告,"哲学正变成文化的活的灵魂,哲学正在世界化,而世界正在哲学化"。② 如果说这一论断是马克思主义诞生之前的马克思出于敏锐的理论直觉而对哲学命运所做出的正确预言,那么,马克思主义诞生之后的整个历史则现实地表明,马克思主义哲学确实是指导改变世界的社会实践的伟大思想武器,而世界正在马克思主

---

① 《习近平谈治国理政》第二卷,外文出版社,2017,第66页。
② 《马克思恩格斯全集》第1卷,人民出版社,1995,第220页。

义哲学所揭示的理论维度和历史轨迹上得到改造。马克思主义依然是当今时代的人们科学认识世界历史发展的客观规律、在全球范围内不断揭破资本剥削的秘密、为追求更加公正合理的社会主义社会和共产主义社会而奋斗的最为深邃的理论指南。

20世纪60年代，并非马克思主义者的萨特却提道："马克思主义远远没有衰竭，还十分年轻，几乎还在童年；它好像才刚刚开始发展。所以，它仍然是我们时代的哲学；它是不可超越的，因为产生它的情势还没有被超越。"①经济全球化阶段，马克思哲学依然"不可超越"，依然"是我们时代的哲学"。英国著名史学家霍布斯鲍姆就此明确提出："马克思最终应该出人意料地回到我们的世界。在我们的世界中，资本主义已经让人想起，它的未来之所以遭到了怀疑，不是因为社会革命的威胁，而是因为它的无拘无束的全球运作性质。事实已经证明，对于资本主义的全球运作性质，马克思是一位比自由市场的理

---

① 〔法〕萨特:《辩证理性批判》，林骧华等译，安徽文艺出版社，1998，第28页。

性选择和自我纠正机制的信徒更敏锐的指导者。"①正如霍布斯鲍姆所言,马克思对资本主义社会的深刻分析和根本判断,随着最近一次波及全球的金融危机的影响,在世界范围内得到了越来越多人的认同。苏东剧变在西方世界引起的狂欢已在消散,资本及其帝国体系在经济全球化时代的奔突则引发了多个国家民族的批判和抵制。种种现象均足以表明,只有马克思主义,方能引领世界历史走出"人类社会的史前时期"。②

正是在这一意义上,习近平总书记多次强调,马克思主义尽管诞生在一个半多世纪之前,但历史和现实都证明它是科学的理论,迄今依然有着强大生命力。对这一重要论断,我们不能做浮光掠影式的理解,而应潜入人类社会发展史的深流,从社会形态更迭和时代性质变迁的角度深长思之。

（二）国家问题

对全面依法治国,习近平总书记往往是站在政治高

① 〔英〕霍布斯鲍姆:《如何改变世界:马克思和马克思主义的传奇》,吕增奎译,中央编译出版社,2014,第368页。
② 《马克思恩格斯选集》,人民出版社,1995,第33页。

度来认识和把握的。他深刻指出,法治当中有政治,没有脱离政治的法治。公法领域内的争论只是政治争论的延伸。每一种法治形态背后都有一套政治理论,每一种法治模式当中都有一种政治逻辑,每一条法治道路底下都有一种政治立场。这一深刻论述,极具启发意义。

的确,我们完全可以看到,对全面依法治国一些深层次的理论问题的争论,实际上已经超出了法律层面,而进入国家领域和国家学说层面。例如,社会主义法治国家与资本主义"宪政"国家的区别、人民民主与西方"宪政"的分野、要不要坚持人民民主专政的国体,等等。这些问题实际上都集中指向下面这样一个更根本的问题。

第二个问题:马克思主义国家学说是否过时了?

历史的进步往往是曲折的。20世纪八九十年代之交,随着苏东剧变和国际共产主义运动处于相对低潮期,一些西方学者迫不及待地宣称马克思主义彻底失败,资本主义制度成为人类历史的终结。在国内学界,经济学研究中的新自由主义、历史学研究中的历史虚无主义和政治学研究中的宪政民主思潮等互为表里,在不同领域挑战马克思主义的指导地位。以法学和政治学而论,阶级、革命、人民民主专政等马克思主义国家学说的核心概念和学术话语体系,似乎成为保守、落后的代名词,而宪政民主、三权分立、普选制度成为一部分学者追逐著述的目标,马克思主义法学、政治学及其国家学说在一定程度上遇冷。

然而,马克思主义国家学说真的过时了吗？笔者的答案是否定的。笔者认为,马克思主义国家学说在当今时代依然没有过时,仍然是全面推进依法治国、准确认识国家问题、推进国家治理现代化的强大思想武器。

国家问题是包括政治学、法学在内的社会科学研究中极为关键的内容。传统的政治学们几乎都把政治学理解为关于国家的学问。二战以后行为主义学派勃兴,标榜"价值中立"的政治科学,轻视传统的国家研究及国家的价值内涵,但很快就遭遇到理论困境,国家研究热再度兴起。各种流派的国家理论,都从某个侧面或角度对国家问题进行了探索,或有可资借鉴之处。但是,究竟何为国家？国家的本质是什么？国家从何而来？国家又将向何处去？对这一系列根本性重大问题,这些观点都没有做出彻底的、科学的解答。

马克思主义国家学说以鲜明的阶级性、实践性和科学性，在人类思想史上第一次科学地阐明了国家的起源、本质、性质、类型、职能和未来发展等根本问题，构筑起一座宏伟的理论大厦，成为人们正确认识国家问题的指南。马克思恩格斯将国家视为一个历史范畴，他们认为，对国家的认识归根到底要到社会经济生活中去探寻，国家的本质是统治阶级为维持特定秩序，协调、缓解社会内部不同利益集团之间的冲突与矛盾的统治机器。国家是阶级矛盾不可调和的表现和产物，是社会在一定发展阶段上的产物，必然伴随着阶级、阶级矛盾的彻底消灭而消亡。简言之，国家是经济上占统治地位的阶级进行阶级统治的工具。

马克思主义国家学说的这些基本判断，从根本上厘清了关于国家的各种争论，时至今日不但没有过时，而且随着时代的发展日益得到实践的检验。如前所述，马克思主义主张以社会形态划分时代，当今时代依然处于马克思主义经典作家所判定的历史时代，即社会主义与资本主义两条道路、两种制度相互较量，资本主义最终灭亡、社会主义必然胜利的时代。

以人民民主专政理论为例。在马克思主义国家学说基本原理与中国实际相结合基础上创立的人民民主专政理论依然没有过时,人民民主专政依然是我们国家不可动摇的国体。当前,在世界范围内,依然存在着资本主义国家与社会主义国家的较量。虽然由于时代主题的转换,过去的战争与革命已经转变为和平时期的竞赛,但资本主义国家妄图使社会主义国家改旗易帜、走资本主义道路的战略从未更改,而更多地披上和平演变、"颜色革命"的外衣,因而在国际范围内,资产阶级与广大人民之间的斗争依然存在。从前几年美国积极推行所谓"亚太再平衡战略",到美国频频插手我国南海问题和我国台湾问题,甚至悍然在韩部署"萨德"系统等一系列表现,不是完全可以看清美国的"战略"意图吗?不是完全可以看清西方发达国家维护国际垄断资本利益的本质吗?现实永远比理论更善于教育人。

中华民族热爱和平,血液中没有侵略他人、称霸世界的基因,一贯倡导不同文明的交流互鉴,但也"决不用玫瑰色描绘"①社会主义与资本主义、无产阶级与资产阶级

---

① 《马克思恩格斯选集》第 2 卷,人民出版社,1995,第 101 页。

之间以各种形式展开的博弈。国际博弈的态势影响到国内，不可避免地在一部分人中催生资本主义的拥趸，以各种方式侵袭党和国家的健康肌体。从这一意义上讲，人民民主专政不能有丝毫动摇，马克思主义国家学说不能有须臾背离。

当然，毋庸置疑的是，国家除了政治功能，同样具有社会治理功能。马克思恩格斯曾经指出，在人类社会发展的进程中，国家兼具政治统治和公共事务管理两种职能。其中，体现阶级作用的统治职能将与国家一起消亡，而维护社会利益需要的管理职能将一直存在，这里实质上蕴含着国家职能从"统治"到"治理"的历史变迁。

毛泽东同志的《论十大关系》《关于正确处理人民内部矛盾的问题》等重要著作，开始了对中国特色社会主义道路及其规律的初步探寻，蕴含着探索国家治理模式的先声。在改革开放的历史进程中，邓小平同志多次强调，要高度重视领导制度、组织制度等事关党和国家全局的重大问题。他在1992年的南方谈话中指出，再有30年的时间，中国将在各方面形成一整套更加成熟、更加定型的制度，在这个制度下的方针、政策也将更加定型化。进入

21世纪以来,我国的国家治理内涵不断丰富和扩展。党的十八大将构建系统完备、科学规范、运行有效的制度体系作为全面建成小康社会的重要内容。尤其是党的十八届三中全会将"完善和发展中国特色社会主义制度,推进国家治理体系和治理能力现代化"明确为全面深化改革的总目标。

在全面深化改革的新阶段,以习近平同志为核心的新一届中央领导集体深刻把握时代要求,统揽国际国内大势,开启推进国家治理现代化的时代命题,丰富和发展了马克思主义国家学说,使马克思主义国家学说在当今时代绽放出灿烂的真理光芒。习近平总书记指出,改革开放以来,我们党开始以全新的角度思考国家治理体系问题,强调领导制度、组织制度问题更带有根本性、全局性、稳定性和长期性。今天,摆在我们面前的一项重大历史任务,就是推动中国特色社会主义制度更加成熟、更加定型,为党和国家事业发展、人民幸福安康、社会和谐稳定、国家长治久安提供一整套更完备、更稳定、更管用的制度体系。这一精辟概括不仅是我们党领导人民历经革命、建设、改革进程得出的必然结论,也是对20世纪后期世界各国在国家治理问题上的经验总结,更是立足新的时代特征和历史任务对马克思主义国家学说的创新性发展。

习近平总书记还强调,推进国家治理体系和治理能力现代化,必须完整理解和把握全面深化改革的总目标,这是两句话组成的一个整体,即完善和发展中国特色社会主义制度、推进国家治理体系和治理能力现代化。我们的方向就是中国特色社会主义道路。这一重要论述表明,国家治理体系和治理能力现代化必须坚持马克思主义及其国家学说,必须坚持走中国特色社会主义道路,而不是其他什么道路,既不能走封闭僵化的老路,也不能走改旗易帜的邪路。这是我们治国理政的根本,也是全面依法治国的根本,不能有任何含糊和动摇。

(三)方法问题

宋儒朱熹云:"事必有法,然后可成。"任何一种研究,都需要研究方法的指导。这就促使我们不得不回答下面这个问题。

第三个问题:马克思主义的方法论是不是失效了?

毋庸置疑,在现有的一些研究中,一些人有意无意地忽视甚至排斥马克思主义方法论,尤其是抛弃和否定马克思主义的阶级分析方法。这种状况的存在，不利于我们坚持和创新发展马克思主义理论。

阶级是马克思主义理论最基本的概念，阶级分析方法是马克思主义历史理论的根本方法之一，也是历史研究的基本方法之一。实际上，自从人类随着生产力的发展和分工、私有制、剥削的出现而逐步踏入阶级社会以来，阶级分化、阶级利益以及阶级之间的冲突、合作、博弈，正是人类社会的正常现象。

马克思1852年在致魏德迈的信中就明确写道："至于讲到我，无论是发现现代社会中有阶级存在或发现各阶级间的斗争，都不是我的功劳。在我以前很久，资产阶级历史编纂学家就已经叙述过阶级斗争的历史发展，资产阶级经济学家也已经对各个阶级作过经济上的分析。我所加上的新内容就是证明了下列几点：（1）阶级的存在仅仅同生产发展的一定历史阶段相联系；（2）阶级斗争必然导致无产阶级专政；（3）这个专政不过是达到消灭一切阶级和进入无阶级社会的过渡……"①马克思比资产阶级

① 《马克思恩格斯全集》第4卷，人民出版社，2012，第425~426页。

历史编纂学家和经济学家高明之处在于,他不是简单地停留在记述阶级斗争历史、对阶级进行经济分析的阶段,而是开创性地证明,阶级是同生产发展的一定的历史阶段联系在一起的,并必然经由无产阶级专政转入阶级的消亡和无阶级社会的实现。

在"时代问题"一节中,我们立足于马克思主义社会形态理论谈了时代性质和时代划分问题。实际上,不可忽略的是,阶级同样是分析时代基本特征的重要范畴。列宁认为,马克思划分时代的方法,主要是看"哪一个阶级的运动是可能推动社会进步的主要动力","哪一个阶级是这个或那个时代的中心,决定着时代的主要内容、时代发展的主要方向、时代的历史背景的主要特点等等"。[①]即是说,时代的基本特征取决于代表历史发展趋势的那个阶级。居于时代中心的阶级,一旦自身在历史发展阶段中的地位和作用发生变化,并最终被另一个阶级所取代,那么时代特征也会随之发生变化。[②] 从这一意义上

[①] 《列宁全集》第 21 卷,人民出版社,1959,第 121、123 页。

[②] 参见王邦佐等主编《新政治学概要》,复旦大学出版社,1998,第394 页。

讲,必须对时代,尤其是对时代转换的客观条件进行阶级分析,才能正确地认识时代、把握时代、引领时代。

从本质上说,阶级属于经济范畴和历史范畴,是一个研究社会形态变迁、人类社会发展规律不可或缺的学术话语。陈先达教授针对这一问题就谈道:"试想,如果把阶级和阶级斗争理论从历史唯物主义中剔除出去,阶级社会中生产方式的内在矛盾如何通过人与人的关系体现出来? 阶级社会如何过渡到无阶级社会? 马克思不是偏爱斗争,而是把它视作历史规律,把它作为过渡到消灭阶级和阶级斗争的必经之路。如果从历史唯物主义中删去阶级和阶级斗争理论,不仅在理论上无法认识历史和现实,而且在实践上使无产阶级解放成为一句空话。"①

不可否认,在以往的社会主义建设中,我们犯过"阶级斗争扩大化"的错误,对阶级分析和阶级斗争理论的运用过了头,甚至片面强调"以阶级斗争为纲",极大地夸大

---

① 陈先达:《阶级分析方法仍然适用于今天吗?》,《马克思主义研究》2014 年第 6 期。

了社会主义时期存在阶级斗争的程度和范围。当前一些人正是抓住这一点,通过各种形式和手段,煽动民众情绪,制造网络暴力,试图彻底摧毁马克思主义学术理论的阶级话语。然而,抽掉了阶级概念,放弃了阶级分析,马克思主义就失去了独有的观察社会和分析问题的理论武器,这种磨损了思想锋芒的马克思主义也难以成为人们认识世界、改造世界的理论指导。1879 年马克思恩格斯在世时,赫希伯格、伯恩施坦等人就要将阶级斗争"当做一种令人不快的'粗野的'现象放到一边去",针对当时这种妄图取消阶级斗争的倾向,马克思恩格斯就严肃表明:"将近 40 年来,我们一贯强调阶级斗争,认为它是历史的直接动力,特别是一贯强调资产阶级和无产阶级之间的阶级斗争,认为它是现代社会变革的巨大杠杆;所以我们决不能和那些想把这个阶级斗争从运动中勾销的人们一道走。"①

实际上,我们党汲取历史的经验教训,对于新中国成立以来尤其是改革开放以来国内的阶级状况早有定论,

① 《马克思恩格斯全集》第 3 卷,人民出版社,2012,第 739 页。

做出了明确的论断。十一届六中全会通过的《关于建国以来党的若干历史问题的决议》指出："在剥削阶级作为阶级消灭以后，阶级斗争已经不是主要矛盾。由于国内的因素和国际的影响，阶级斗争还将在一定范围内长期存在，在某种条件下还有可能激化。既要反对把阶级斗争扩大化的观点，又要反对认为阶级斗争已经熄灭的观点。对敌视社会主义的分子在政治上、经济上、思想文化上、社会生活上进行的各种破坏活动，必须保持高度警惕和进行有效的斗争。必须正确认识我国社会内部大量存在的不属于阶级斗争范围的各种社会矛盾，采取不同于阶级斗争的方法来正确地加以解决，否则也会危害社会的安定团结。"①这里明确指出，在阶级尤其是阶级斗争问题上，必须既要反对"阶级斗争扩大化的观点"，也要反对"阶级斗争熄灭论"的观点。

我们党和国家的历届领导人始终坚持这一科学论断。江泽民同志曾经指出："我们纠正过去一度发生的

---

① 《十一届三中全会以来重要文献选读》(上)，人民出版社，1987，第347页。

'以阶级斗争为纲'的错误是完全正确的。但是这不等于阶级斗争已不存在了，只要阶级斗争还在一定范围内存在，我们就不能丢弃马克思主义的阶级和阶级分析的观点与方法。这种观点与方法始终是我们观察社会主义与各种敌对势力斗争的复杂政治现象的一把钥匙。"①习近平总书记强调，马克思主义政治立场，首先就是阶级立场，进行阶级分析。有人说这已经落后于时代了，这种观点是不对的。我们说阶级斗争已经不再是我国社会的主要矛盾并不是说阶级斗争在一定范围内不存在了，在国际大范围中也不存在了。改革开放以来，我们党在这个问题上的认识一直是明确的。②

这些重要论述，实质上就是要求我们在研究中，科学、准确地运用阶级分析方法，对国内的阶级差别和国际上垄断资本与人民大众的阶级矛盾进行深入分析。在国内，化解不同的利益纷争和人民内部矛盾，逐步消弭阶

---

① 《江泽民论有中国特色社会主义》（专题摘编），中央文献出版社，2002，第 34 页。
② 转引自刘世军《中国政治学研究新时代的到来》，《文汇报》2014 年6 月 30 日。

级、阶层差别,在国际范围内,代表人民大众的利益同国际垄断金融资本进行有策略、有效果的竞争和博弈,而不是因噎废食,弃阶级分析方法如敝屣。

早在2011年5月14日,习近平同志在出席中央党校开学典礼时就专门围绕学习马克思主义经典著作发表了长篇讲话,特别指出:"马克思主义经典著作包含着经典作家所汲取的人类探索真理的丰富思想成果,体现着经典作家攀登科学理论高峰的不懈追求和艰辛历程。"2013年12月3日下午,习近平总书记在主持中共十八届中央政治局就历史唯物主义基本原理和方法论进行第十一次集体学习时,再次强调:"要原原本本学习和研读经典著作,努力把马克思主义哲学作为自己的看家本领。"2017年9月29日,习近平总书记在主持中共十八届中央政治局第四十三次集体学习时指出:"在人类思想史上,就科学性、真理性、影响力、传播面而言,没有一种思想理论能达到马克思主义的高度,也没有一种学说能像马克思主义那样对世界产生了如此巨大的影响。这体现了马克思主义的巨大真理威力和强大生命力,表明马克思主义对人类认识世界、改造世界、推动社会进步仍然具有不可替代的作用。"①马克思主义不但是学问,而且是一门极其科学、深邃、严谨的大学问。对思想家及其思想最大的尊重,是以学术的方式、理论的方式来对待。当前,深入研究全面依法治国问题,深入研究坚持和发展中国特色社会主义各项问题,应当进一步坚持好和发展好马克思主义,深入学习研究和贯彻落实习近平新时代中国特色社会主义思想,让21世纪中国马克思主义在我们的各项具体研究中化盐于水,氤氲化育,更富解释力,更增穿透力,更具吸引力,放射散发出真理的光芒与温度。

---

① 《习近平谈治国理政》第二卷,外文出版社,2017,第65页。

后 记

2014年9月，我由中国社会科学杂志社新闻中心调至研究室，受命主持《中国社会科学报》评论版有关工作。其后，围绕着全面推进依法治国的一些基础理论问题，陆续撰写、刊出了几篇学术评论。这本小册子就是在那些评论文章的基础上，又深入学习研究习近平新时代中国特色社会主义思想与近几年党和国家全面推进依法治国的基本方略和战略部署，经过大量的扩充、修改和完善而形成的。

正是在撰写《中国社会科学报》学术评论的过程中，我逐渐领会到，写文章不但要有学问、有血肉，更重要的是要有思想、有灵魂。做有思想的学问，成为我的理性认识和学术追求。我虽不敏，但对这种境界心向往之，愿为之而上下求索。

在那一段节奏异常紧张、令人终生难忘的工作生涯中，有几位师长对我影响甚深，他们教会了我如何做人、做事、做学问。这些文字，都深深地浸染着他们的心血和智慧。我曾填过一首小词《沁园春》,记录当时的情景。

> 谁谱风流? 天风海雨,激荡丹秋。
> 忆金城玉塞,扬冰蹈雪;鼓楼后海,铸剑飞舟。
> 一纸风行,十方讯动,梦笔金瓯唱民畴。
> 最难忘,曾艰难百战,击水中流。
>
> 学思千载丰稠,更跌宕众说竞潮头。
> 自百年淬厉,搜遍中西;四旬砥砺,独有运筹。
> 时代忧思,学术关切,惟此家邦步方遒。
> 放眼量,要鹰扬蹈厉,再论五洲。

　　虽然这几位师长都已不再和我一起工作了,但我在心里总是时时念起他们的身影和笑貌音容。"总有林荫成大道,几多声色壮行程。"我把这本小册子献给我的师长,以之纪念那一段于我似山河般凝重的岁月。

王　广

2017 年夏日于中国社会科学杂志社

居安思危·世界社会主义小丛书
（已出书目）

编号	作者	书　名	审稿人
1	李慎明	忧患百姓忧患党 ——毛泽东关于党不变质思想探寻	侯惠勤
2	陈之骅	俄国十月社会主义革命	王正泉
3	毛相麟	古巴：本土的可行的社会主义	徐世澄
4	徐世澄	当代拉丁美洲的社会主义思潮与实践	毛相麟
5	姜　辉 于海青	西方世界中的社会主义思潮	徐崇温
6	何秉孟 李　千	新自由主义评析	王立强
7	周新城	民主社会主义评析	陈之骅
8	梁　柱	历史虚无主义评析	张树华
9	汪亭友	"普世价值"评析	周新城
10	王正泉	戈尔巴乔夫与"人道的民主的社会主义"	陈之骅

编号	作者	书　名	审稿人
11	王伟光	马克思主义与社会主义的历史命运	侯惠勤
12	李慎明	居安思危：苏共亡党的历史教训	课题组
13	李　捷	毛泽东对新中国的历史贡献	陈之骅
14	靳辉明 李瑞琴	《共产党宣言》与世界社会主义	陈之骅
15	李崇富	毛泽东与马克思主义中国化	樊建新
16	罗文东	中国特色社会主义理论与实践	姜　辉
17	吴恩远	苏联历史几个争论焦点真相	张树华
18	张树华 单　超	俄罗斯的私有化	周新城
19	谷源洋	越南社会主义定向革新	张加祥
20	朱继东	查韦斯的"21世纪社会主义"	徐世澄
21	卫建林	全球化与共产党	姜　辉
22	徐崇温	怎样认识民主社会主义	陈之骅
23	王伟光	谈谈民主、国家、阶级和专政	姜　辉

编号	作者	书　名	审稿人
24	刘国光	中国经济体制改革的方向问题	樊建新
25	有林 等	抽象的人性论剖析	李崇富
26	侯惠勤	中国道路和中国模式	李崇富
27	周新城	社会主义在探索中不断前进	陈之骅
28	顾玉兰	列宁帝国主义论及其当代价值	姜　辉
29	刘淑春	俄罗斯联邦共产党二十年	陈之骅
30	柴尚金	老挝:在革新中腾飞	陈定辉
31	迟方旭	建国后毛泽东对中国法治建设的创造性贡献	樊建新
32	李艳艳	西方文明东进战略与中国应对	于　沛
33	王伟光	纵论意识形态问题	姜　辉
34	朱佳木	中国特色社会主义纵横谈	朱峻峰
35	姜　辉	21世纪世界社会主义的新特点	陈之骅
36	樊建新	我国社会主义初级阶段的基本经济制度	周新城

编号	作者	书　名	审稿人
37	周新城	当代中国马克思主义政治经济学的若干理论问题	樊建新
38	赵常庆	社会主义在哈萨克斯坦的兴衰	陈之骅
39	李东朗	中国共产党是抗日战争的中流砥柱	张海鹏
40	王正泉	苏联伟大卫国战争	陈之骅
41	于海青 童　晋	欧洲共产党与反法西斯抵抗运动 ——镌刻史册的伟大贡献	姜　辉
42	张　剑	社会主义与生态文明	李崇富
43	王伟光	新时代中国特色社会主义的理论成果	陈之骅
44	朱佳木	同历史虚无主义思潮斗争的有力思想武器	朱峻峰
45	程恩富 段学慧	《资本论》与社会主义建设	周新城
46	李崇富	谈谈列宁主义	陈之骅
47	张树华	苏联共产党意识形态工作的教训	吴恩远

编号	作者	书　名	审稿人
48	石镇平	马克思的社会主义观	周新城
49	王　广	马克思主义与全面依法治国	侯惠勤
50	李艳艳	美国互联网政治意识形态输出战略与应对	于　沛
51	雷虹艳	美国的社会主义运动与思潮	姜　辉
52	章忠民 等	解码新时代	程恩富

图书在版编目（CIP）数据

马克思主义与全面依法治国／王广著. －－北京：
社会科学文献出版社，2018.5
（居安思危·世界社会主义小丛书）
ISBN 978 - 7 - 5201 - 2251 - 1

Ⅰ.①马… Ⅱ.①王… Ⅲ.①社会主义法制－建设－
研究－中国 Ⅳ.①D920.0

中国版本图书馆 CIP 数据核字（2018）第032009号

居安思危·世界社会主义小丛书
马克思主义与全面依法治国

著　　者／王　广

出 版 人／谢寿光
项目统筹／祝得彬
责任编辑／仇　扬

出　　版／社会科学文献出版社·马克思主义编辑部（010）59367004
　　　　　地址：北京市北三环中路甲29号院华龙大厦　邮编：100029
　　　　　网址：www.ssap.com.cn
发　　行／市场营销中心（010）59367081　59367018
印　　装／北京印刷集团有限责任公司

规　　格／开 本：787mm×1092mm　1/32
　　　　　印 张：4.25　字 数：63千字
版　　次／2018年5月第1版　2018年5月第1次印刷
书　　号／ISBN 978 - 7 - 5201 - 2251 - 1
定　　价／20.00元

本书如有印装质量问题，请与读者服务中心（010－59367028）联系